essentials

Essentials liefern aktuelles Wissen in konzentrierter Form. Die Essenz dessen, worauf es als „State-of-the-Art" in der gegenwärtigen Fachdiskussion oder in der Praxis ankommt. Essentials informieren schnell, unkompliziert und verständlich

- als Einführung in ein aktuelles Thema aus Ihrem Fachgebiet
- als Einstieg in ein für Sie noch unbekanntes Themenfeld
- als Einblick, um zum Thema mitreden zu können.

Die Bücher in elektronischer und gedruckter Form bringen das Expertenwissen von Springer-Fachautoren kompakt zur Darstellung. Sie sind besonders für die Nutzung als eBook auf Tablet-PCs, eBook-Readern und Smartphones geeignet.

Essentials: Wissensbausteine aus Wirtschaft und Gesellschaft, Medizin, Psychologie und Gesundheitsberufen, Technik und Naturwissenschaften. Von renommierten Autoren der Verlagsmarken Springer Gabler, Springer VS, Springer Medizin, Springer Spektrum, Springer Vieweg und Springer Psychologie.

Wolfgang Lamprecht

Corporate Cultural Responsibility

Moratorium für Kultursponsoring

 Springer VS

Mag. Dr. Wolfgang Lamprecht
Wien,
Österreich

ISSN 2197-6708 ISSN 2197-6716 (electronic)
ISBN 978-3-658-06656-7 ISBN 978-3-658-06657-4 (eBook)
DOI 10.1007/978-3-658-06657-4

Die Deutsche Nationalbibliothek verzeichnet diese Publikation in der Deutschen Nationalbibliografie; detaillierte bibliografische Daten sind im Internet über http://dnb.d-nb.de abrufbar.

Springer VS

Springer VS ist eine Marke von Springer DE. Springer DE ist Teil der Fachverlagsgruppe Springer Science+Business Media
www.springer-vs.de

Was Sie in diesem Essential finden können

- Die Darstellung von Corporate Social wie Corporate Cultural Responsibility als Management unternehmerischer Vertrauenskommunikation im Rahmen von Coporate Citizenship.
- Die Ausdifferenzierung und Neudefinition von Begriffen des klassischen Nachhaltigkeits- und Sponsoringvokabulars.
- Strategische Überlegungen zur ergebnisorientierten Positionierung eines unternehmerischen Kulturengagements.
- Die Entwicklung eines Kennzahlen-Clusters für CCR-Maßnahmen als Grundlage, um eine Corporate Social Performance im Hinblick auf möglichst viele Stakeholder eines Unternehmens treffsicher zu kommunizieren.

Vorwort

Die diesem Essential zugrunde liegende Studie „Schaffe Vertrauen, rede darüber und verdiene daran. Kommunikationspraxis und Performance Measurement von Corporate Cultural Responsibility" von Wolfgang Lamprecht (ISBN: 978-3-658-03593-8, Wiesbaden 2013) ist in mehrerer Hinsicht ungewöhnlich. Sie wagt einen transdisziplinären Blick auf Probleme der Unternehmenskommunikation; sie geht von einem welthistorischen Ereignis, nämlich der Bankenkrise von 2008 aus, die einen markanten Verlust an Vertrauen bewirkt, indiziert und verstärkt; sie nimmt eine praxeologische Perspektive ein und sie reklamiert einen gleichsam genuin kommunikationswissenschaftlichen Zugang, der darin besteht, das Verhältnis von Ökonomie und Kultur neu zu denken, und dies alles, um das Kultursponsoring vor dem drohen Kollaps zu retten.

Lamprecht holt Unternehmen bei der betriebswirtschaftlichen Logik des unternehmerischen Nutzens ab, den er freilich als nachhaltig verstanden wissen will. Das ist nicht neu, wohl aber das Verständnis von Corporate Social Responsibility (CSR) und Corporate Cultural Responsibility (CCR). Warum genügt es nicht in Zeiten des galoppierenden Vertrauensverlusts, sich als nützliches Gemeinschaftsmitglied zu erweisen und Charity zu betreiben. Die Antwort Lamprechts lautet: Weil die Vertrauenskrise umfassend ist und neben dem Bankenwesen auch die Politik, die Wirtschaft, die Medien, fast alle Funktionseliten mit umfasst. Dem kommt man nicht durch Hilfsprogramme für Schwache bei.

Wodurch aber sonst?

Die Leistungen von Kunst und Kultur bestehen in der Organisation von Räumen kritischer Reflexivität. Wir können womöglich den Zweifel als Kern der Vertrauenskrise durch weitergehende Zweifel bekämpfen. Das war und ist der Leitgedanke des Popperschen kritischen Rationalismus. Ohne Kritik perpetuieren wir Fehler, bringen uns um die Chance zur Korrektur. Sicherlich wird nicht alle Kunst hehren, kritischen Ansprüchen gerecht, und nicht jede Kritik ist berechtigt. Daher brauchen wir auch eine Kritik der Kritik der Kritik. Insbesondere ist die Kritik einer verkürzten ökonomischen Denkweise, welche die Kunst als „Sahnetörtchen" für Sonn- und Feiertage betrachtet und in der Krise als erste dem Sparzwang opfern möchte, unvernünftig, ja unökonomisch. Einen großen Teil der Arbeit verwendet der Autor daher auf die Darstellung von messbaren Indizes des unternehmerischen Erfolgs. Den Kulturdogmatikern rät er: Keine Angst vor Zahlen! Erst wenn sich das CCR rechnet und das „Kultursponsoring" belegbar mit dem ökonomischen Gewinn korreliert, wird es dauerhaft überleben können. Die Betriebslogiker des Kapitals sollen kulturpolitisch denken lernen, und die Kulturschaffenden ihrerseits die ökonomischen Externalitäten ihres Tuns als Existenzsicherung begreifen. Dieser Spagat bedarf, so Lamprecht, der kommunikationswissenschaftlichen Begleitung und Moderation. Die Kommunikationswissenschaft hält als Integrationswissenschaft, in der Tat, Beziehungen zur Ökonomik und zur Kulturwissenschaft. Kultur ist klarerweise Kommunikation, aber Kommunikation ist nur dann auch Kultur, wenn sie sich an gesellschaftspolitischen Qualitätskriterien, kurz: an Kritik und Moral orientiert. Die implizite These lautet demnach: So wie der Rechtsstaat dem homo oeconomicus auf dem Markt durch Gesetzgebung eine hinreichende Planungssicherheit ermöglicht (gerechter Handel lohnt sich), so trägt erst eine weitergehende kultivierte Unternehmenskommunikation zur längerfristigen Erfolgssicherung bei, indem sie die moralische Integrität verdeutlicht. Genau hier hat Kultur ihre Aufgabe: Räume für Handlungsoptimierung und Persönlichkeitswachstum zu schaffen (für Individuen, Unternehmen und Marken, ja auch von Marken). Wenn sich also ein Unternehmen dem Kultursponsoring oder in neuer Diktion: der Corporate Cultural Responsibility verschreibt, zeigt es sich als Teilnehmer einer gesellschaftlichen Veranstaltung, die die private mit der gemeinschaftlichen Perspektive verbindet. In gewissem Maße sind Imageprobleme von Unternehmen immer einem Mangel an Verbundenheit mit der gesellschaftlichen Umgebung (pathetisch: dem Ganzen) gegenüber zu werten. Im (nur) sozialen Engagement schwingt das paternalistische Element mit, das mit der Hilfe für Bedürftige die eigene hierarchische Überlegenheit zementiert. Erst mit der Kultifizierung der Unternehmenskommunikation, die sich der kurzfristigen ökonomischen Instrumentalisierung durch Verzicht auf Steuerung und Zulassen von Kritik widersetzt, wird die Segregation partiell geheilt und der (gesellschaftliche) Unternehmenserfolg gesichert.

Inhaltsverzeichnis

Der Autor

Mag. Dr. Wolfgang Lamprecht studierte Publizistik- und Kommunikationswissenschaft, Theater- und Musikwissenschaften, Promotion an der Universität Wien. Journalistische Tätigkeit und Jazzkritiker unter anderem für *AZ, Standard, Die Presse, FAZ* und *ORF*. Advisor für Corporate Cultural Responsibility u. a. bei UniCredit Bank Austria AG, Mitinhaber der Wiener PR-Agentur leisure communication. Seine wissenschaftliche Arbeit ist an der Schnittstelle von Kultur, Medien, Ökonomie und Öffentlichkeit angesiedelt, die er u. a. auch im Rahmen von Vorträgen und Lehraufträgen an Universitäten und Fachhochschulen vermittelt. 2011 u. a. Gründungsmitglied im *Verein zur Förderung und Erforschung medialer Geschichtsvermittlung (VGM)* sowie im *Verein zur Förderung für Kulturkommunikation*. Lamprecht ist u. a. Mitarbeiter der Projektgruppe *Geschichte im Fernsehen* am Institut für Publizistik- und Kommunikationswissenschaft der Universität Wien und seit 2013 Mitglied des Arbeitskreises für historische Kommunikationsforschung (AHK). Lebt in Wien.

Einleitung 1

Seit Beginn der 1980er Jahre macht sich auch in Europa in der Beziehung zwischen Wirtschaft und Kunst ein Begriff nachhaltig bemerkbar: Kultursponsoring. Unternehmen haben auf der Suche nach immer neuen Formen der Kommunikation ihre Nähe zur Kunst entdeckt, um ihre Bekanntheit zu steigern, eine Zielgruppenansprache zu optimieren, Öffentlichkeitsarbeit zu aktualisieren und vor allem: um ein Image zu pflegen. Kulturschaffende erhoffen sich neue finanzielle Ressourcen, mit denen Etatkürzungen der öffentlichen Hand kompensiert werden können. Geld gegen „Publicity" heißt der Deal, und diese Auffassung dominiert sowohl die Fachliteratur für Praktiker der strategischen Unternehmenskommunikation als auch das Alltagsverständnis, mediale Darstellung sowie Sponsoringforschung, die fast durchwegs aus dem Bereich der Marketingforschung stammen.

> Die derzeit perpetuierten Fragen lauten:
> Was kann Sponsoring und wie geht das?
> Die künftigen Fragen werden sein:
> Wie sieht ein Return on Invest aus?
> Für die Kommunikationswissenschaft liegt eine spannende Frage zwischen den beiden
> Polen überhaupt brach:
> Was ist Sponsoring?
> Und für die Unternehmen stellt sich in Zeiten des Sparens die Frage:
> Dürfen wir Sponsoring noch brauchen?

In der bisherigen wissenschaftlichen und praktischen (aber kaum anwendungsbezogenen) Literatur wird der Definition von Sponsoring per se keine Bedeutung beigemessen, der Begriff kaleidoskophaft zwischen Kommunikation, Kommunikationsprozess, Kommunikationsmittel oder Kommunikationsinstrument changie-

© Springer Fachmedien Wiesbaden 2014
W. Lamprecht, *Corporate Cultural Responsibility*, essentials,
DOI 10.1007/978-3-658-06657-4_1

rend, variabel erklärt. Dazu schleicht sich seit kurzer Zeit der Begriff der Corporate Cultural Responsibility in die Diskussion ein, die kurzerhand mit Sponsoring gleichgesetzt wurde.

Ganz sicher ist das ein Versäumnis in der – abseits der Betriebswirtschaft – kaum etablierten Disziplin der Sponsoringforschung, die sich in Zeiten angespannter Budgets zu rächen beginnt. Denn bisher wurde zwar ausreichend erklärt, was unternehmerisches Kulturengagement als Teil des PR- und Marketingvokabulars technisch und operativ bedeutet und wozu es betriebswirtschaftlich eingesetzt wird, nicht aber, was es kommunikativ eigentlich ist, warum es (gerade nach dem Jahr 2008) im Rahmen gesellschaftlicher Verantwortung für Unternehmen von vielfältigem Nutzen sein kann, und wie es damit künftig effizient einzusetzen ist. Die grundsätzliche Begriffsdefinition ist aber eine Grundvoraussetzung für das Vorhaben, unternehmerisches Kulturengagement abseits von Wirkungsforschung effizient zu gestalten, aber auch um dessen prinzipielle Tauglichkeit in Zeiten des Wandels zu evaluieren und allfällig neu zu kanonisieren.

Mit diesem Essential will ich vor dem speziellen Hintergrund einer schweren gesellschaftlichen Vertrauenskrise im Rahmen von betriebs-, kommunikations- und kulturwissenschaftlichen Theorien auf Grundlage meiner Studie „Schaffe Vertrauen, rede darüber und verdiene daran: Kommunikaitionsoraxis und Performance Measurement von Corporate Cultural Responsibility einen verdichteten Versuch unternehmen, das Kulturengagement von Unternehmen auf ihre unternehmensstrategische, gesellschaftliche und kommunikative Funktion hin zu erklären, Definitionen für einschlägige Maßnahmen kommunikativen Handelns im Sinne Habermas'[1] so zu finden, dass unternehmerisches Kulturengagement künftig weniger unter Gesichtspunkten betrachtet werden wird, die es jederzeit der Disposition anheim stellen lassen, sondern als messbare Kommunikationsleistung mit Erlöspotential auch betriebswirtschaftlich zum konstituierenden Element der notwendigen gesellschaftlichen Verantwortung eines Corporate Citizens mutiert.

Da ist es, das Zauberwort: Corporate Citizen. – Dieses Konzept bedeutet für Unternehmen nichts weniger als die Verinnerlichung einer Wirtschaftsethik des „guten Bürgers", die eine der Gesellschaft und ihrer Zukunft gegenüber verantwortliche Verhaltensweise sichtbar macht. Speziell die Krisen seit 2008 haben in der öffentlichen Diskussion das Augenmerk der Öffentlichkeit auf eine solche Verantwortung gerichtet, der Begriff der Corporate Responsibility hat dabei als kommunikatives

---

[1] Nach Habermas sind Sprache und Kommunikation die Grundlagen für Interaktion und soziales Handeln, letztlich also Gesellschaft. Diese differenziert als System und Lebenswelt erst Handlungsysteme, Anm. d, Autors. vgl. HABERMAS, Jürgen, *Theorie des kommunikativen Handelns*, Band 1 und 2, Suhrkamp, 3. Auflage, Frankfurt/Mai 1985 (1. Auflage 1981).

Handlungsprinzip an enormer Wirkung gewonnen. Obwohl – trotz grassierender Anwendung des Begriffs – immer noch kaum ein einheitliches Verständnis hinsichtlich der Implikationen von CSR auszumachen ist, scheint eines gewiss: Kulturelles Engagement hat im Zusammenhang mit der Unternehmensverantwortung für die Gesellschaft eine zunehmend kosmetische Rolle.

Auch im vorliegenden Essential wird zunächst davon ausgegangen, dass Kulturengagement kein Kerngeschäft von Wirtschaftsunternehmen ist. Zudem wird auch der Standpunkt nicht in Frage gestellt, dass die wesentlichen Aufgaben eines Unternehmens darin bestehen, Produkte und Dienstleistungen mit einer hohen Qualität und Nachhaltigkeit zu einem möglichst guten Preis bereitzustellen und Profit zu generieren. Im Sinne genau dieses unternehmerischen Eigeninteresses ist aber das Verständnis essentiell, dass Tätigkeiten über das klassische Kerngeschäft hinaus, also eben Unternehmensverantwortung zu leben und damit auch Kosten zu verursachen, ein Teil des Erfolg determinierenden Selbsterhaltes sind; zumal die Anspruchsgruppen eines Unternehmens, vor allem Kunden, Mitarbeiter, Investoren, die Öffentlichkeit bezüglich der erwarteten Rolle von Unternehmen schon seit einigen Jahren organisierter und einflussreicher geworden sind (vgl. Schunk 2009, S. 28), Selbsterhalt daher durchaus auch als Teil des Kerngeschäfts verstanden werden soll. – Besonders dann, wenn Medienvermittlung dabei eine wesentliche Rolle spielt.

Das Verhältnis von Kultur und Ökonomie unterliegt in kapitalistischen Systemen, in denen Kultur als eigenständiger Substanzwert selbst zum Kapital geworden ist, laufender (kultur-)kritischer Beobachtung. – In Zeiten guter Konjunktur durchaus auch unter Konsultation der wirtschaftsorientierten Trendforschung, für die Kultur und Kunst als mächtige Investitionsanreize gelten. Dahinter steht die Überzeugung, dass sich eine Kulturproduktion zur zentralen Produktivkraft der Zukunft entwickeln kann.

Das Problem abseits der Kulturkritik ist: Solange eine Finanzierung für diesen Leitgedanken gesichert schien, war auch die Auffassung, Kultur sei auch ein Grundmuster der Ökonomie, noch unter Mainstream subsumierbar. Doch dieser scheint in dem Maße obsolet zu werden, in dem eine Krise zu Einsparungen zwingt, sich Erfolge nicht mehr so einstellen und nachweisen lassen wie gewünscht, und durch diese Abwertung sogar ein Sog entstehen kann, der einer Wachstumsperspektive entgegen steht. Die zentrale Frage lautete unter kapitalistischen Gesichtspunkten (letztlich etwa auch beim Thema klassischen Sponsorings als Vertriebs- und Markenkommunikation) bisher immer, was Wirtschaft für Kultur tun kann; eher aber weniger, was Kultur für Wirtschaft unternehmen kann.

Dahinter scheint ein Missverständnis zu stecken, was Kultur überhaupt ist, wie Kultur und Ökonomie einander tatsächlich auf Augenhöhe begegnen können, was Kultur tun kann, um ökonomisch kompatibel zu sein und was – umgekehrt – die Ökonomie tun kann, um kulturell einen gleichwertigen Beitrag zu leisten.

Kunst und Kultur haben etwa den Vorteil, dass ihnen zumeist ein Grundvertrauen entgegen gebracht wird (vgl. Mandel 2009, S. 19). Für die Sicherung von Stabilität und Legitimität des Wirtschaftssystems sind Vertrauen und Zuversicht entscheidend, sie müssen aber diskursiv hergestellt werden. Der Nachteil der Kultur besteht darin, dass Kunst und Kultur von eher marginaler Bedeutung für den Meinungsmarkt sind und somit um ihre gesellschaftliche Relevanz kämpfen müssen (vgl. ebd.). Das Gegengeschäft lautet daher: Die Diskurs- und Reflexionsfähigkeit kann Kultur in die Ökonomie einbringen. Dadurch verleiht die Kultur den Wirtschaftsstrukturen neue Bedeutung, und sie kann auch damit versuchen, diese zu verändern, um neue wirtschaftliche und kulturelle Dynamiken in Gang zu setzen. Die Ökonomie kann Struktur-Know-how und praktische Teilhabe an sozialen und politischen Zusammenhängen einbringen. Damit kann sie als Vermittler versuchen, eine breitere Akzeptanz zu schaffen.

Corporate Citizenship: Theoretische Reflexionen, begriffliche Definitionen und warum – richtig angewandt – CSR als Konzept der Vertrauenskommunikation zu mehr Glaubwürdigkeit von Organisationen beitragen kann.

Vertrauen ist – obgleich kein genuin ökonomisches Untersuchungsobjekt – ein zentraler Wert, u. a. wenn Unternehmen Erfolg haben wollen. Basierend auf der weitverbreiteten Annahme, dass soziale Beziehungen ausschlaggebend für Vertrauen und Erfolg seien, mag ein Paradoxon beispielgebend sein: Je schneller und damit unpersönlicher etwa moderne Kommunikationstechnologien den Austausch von Informationen ermöglichen, desto eher bleibt die Fähigkeit, vertrauensvoll auch über große geografische Distanzen zusammenarbeiten zu können, eine entscheidende Grundlage für eine erfolgreiche ökonomische Interaktion. Die Börse Singapur etwa arbeitet mit Hochdruck daran, ihre Aufträge in der Geschwindigkeit von 49 Millionstelsekunden in die Orderbücher zu bekommen. Zeit ist Geld. Ein Vorsprung von Millionstelsekunden kann für Händler über Gewinn und Verlust entscheiden (Schweinsberg 2011, S. 46 f.), da bleibt keine Zeit, Vertrauen zu erarbeiten, das muss bereits vorausgesetzt werden können. Der amerikanische Politikwissenschaftler Francis Fukuyama hat nicht umsonst auf die direkte Verbindung zwischen dem Grad des Vertrauens in einer Gesellschaft und dem wachsenden Wohlstand hingewiesen (Fukuyama 1995, S. 3 ff.). Die Fähigkeit, sich in eine Gemeinschaft einzufügen und mit anderen zusammenzuarbeiten, ist für Fukuyama gleichbedeutend mit Vertrauen innerhalb einer Gesellschaft. Wo kein Vertrauen ist, gibt es auch kein Wachstum (ebd., S. 61 ff.).

© Springer Fachmedien Wiesbaden 2014
W. Lamprecht, *Corporate Cultural Responsibility,* essentials,
DOI 10.1007/978-3-658-06657-4_2

2.1   Das Wiedererlangen des Vertrauens

Vertrauen als wesentliche Säule zwischenmenschlicher, also auch von Geschäfts-Beziehungen, ist nun keineswegs ein Phänomen unserer Zeit. Allerdings ist es in den vergangenen Jahrzehnten in beinahe allen Bereichen zwischen Politik und Kirche, Wirtschaft und Medien zum raren Wert mutiert. Vertrauenswürdigkeit als Eigenschaft scheint gerade im Zeitalter der Banken-, Euro- und Wirtschaftskrisen, des Lobbyings, Negativ-Campainings und Mudslingings ein Wert geworden zu sein, der, – so konstatiert es zumindest etwa der Sprachwissenschaftler Marcus Reinmuth in einer Untersuchung zur Sprache von Geschäftsberichten – besonders öffentlichen Akteuren *nicht* in besonderem Maße unterstellt werden kann (Reinmuth 2006, S. 24 f.). Der Global Confindence Index, der nach einer Befragung von 1200 Experten aus dem politischen und privaten Sektor vom World Economic Forum im Spätsommer 2012 veröffentlicht wurde, untermauerte die Theorie mit Daten: Nur mehr 9,3 % der Befragten vertrauten dem, von Banken- und Eurokrise geschüttelten, weltweiten Wirtschaftssystem, nur mehr 11,6 % der Politik.

Der deutsche Wirtschaftswissenschafter Horst Albach war einer der ersten Ökonomen, die innerhalb der Betriebswirtschaftslehre Vertrauen als eine wesentliche und stabilisierende Einflussgröße für die Unternehmenspolitik und als bedeutendes Kriterium für die wettbewerbspolitische Beurteilung von Märkten definiert haben (Albach 1980, S. 2 ff.). Auch im OECD-Sozialbericht 2011 war zu lesen:

> Trust reflects people's perception of others' reliability. Trust may affect economic and social development by facilitating market exchange, enabling better functioning of public institutions and increasing capacity for collective action (OECD 2011, S. 90).

Vor diesem Hintergrund ist es nur allzu logisch, dass Manager angesichts der Finsternis ihres tiefen Reputationstals versuchen, ihr Image zu korrigieren. Das Ziel der Bemühungen ist die Wiedererlangung von Vertrauenswürdigkeit als Qualität, weil Vertrauen als elementarer Mechanismus Erwartungen stabilisiert. Wohl aber auch, weil dort, wo Vertrauen herrscht, das Handeln nicht mehr so stark auf überprüfbare Informationen und teure Absicherungssysteme angewiesen ist (Reinmuth 2006, S. 31).

Die laufenden Forschungen der Unternehmensberater von Deep White mit dem MCM Institut der Universität St. Gallen ergeben seit 2003 regelmäßig, dass ein betriebswirtschaftlicher Erfolg zu einem Viertel durch die Wirkung einer gelebten Wertekultur erklärt werden kann (Schönborn 2008, S. 98 ff.). Generell wird davon ausgegangen, dass Werte und Normen als Institutionen Handlungen von Personen beeinflussen und somit Entscheidungsrelevanz erlangen (Hirsch 2002, S. 3). Das

Prinzip sieht zunächst einfach aus: Indem – weil Wertesysteme ja sichtbar gelebt werden sollen – beispielsweise ein Unternehmen medienvermittelt Kultur unterstützt, wird es bei jenen, die Kultur mögen, Anklang finden. Indem es die Umwelt schützt, wird es bei denen, die von der Notwendigkeit einer intakten Umwelt überzeugt sind, eher Sympathie finden, als wenn das Unternehmen es nicht tut. Indem es bedürftigen Kindern hilft, wird es sich der Zustimmung über diese Aktivitäten bei der Mehrheit der Menschheit gewiss sein dürfen. Kultur, Umwelt, Gerechtigkeit sind hier als exemplarische Werte zu verstehen, die im Allgemeinen als normativ gelten. Wenn ich sehe, dass der andere das auch so sieht, schenke ich leichter Vertrauen. Das Like-Prinzip auf Facebook, wenn man so will.

Wenn also Unternehmen sicht- und nachvollziehbar soziale, kulturelle, ökologische usw. Verantwortung übernehmen und moralisch anständig handeln, die Gesellschaft also partizipieren lassen, dann soll damit eine Vertrauenskultur entstehen und gepflegt werden, die menschliches Handeln und menschliche Entscheidungen im Sinne des Unternehmens ermöglicht. Und weil sich Vertrauenswürdigkeit „am besten im Bemühen des Akteurs manifestiert, die in ihn gesetzten Erwartungen trotz Fehlens expliziter Verpflichtungen und der damit verbundenen Anreizmechanismen zu erfüllen", machen sich insbesondere auch „soziale Investitionen in den Schutz von Vertrauen (…) in gesellschaftlicher, volkswirtschaftlicher und betriebswirtschaftlicher Hinsicht bezahlt" (Reinmuth 2006, S. 52).

2.2 Die Vertrauensprämissen

Als Oberbegriff für diese kommunikative Handlungsbeeinflussung (Menschen entscheiden sich für eine Organisation) fungiert der Terminus Persuasion. Diese funktioniert aber nur dann, wenn der Adressat auch bereit für das Vertrauen ist. Die meisten Informationen über Unternehmen stammen nun nicht aus erster Hand, sondern werden über Medien vermittelt. Medienberichterstattung ist damit ein wesentlicher Faktor (Bentele 1994, S. 131 ff.), aber auch ein wichtiger Indikator für ein Kommunikationsmanagement. Rund um Bentele hat die Universität Leipzig zusammen mit dem PMG Presse-Monitor® zum Bespiel den „Corporate Trust Index" (CTX oder CTI) entwickelt, der anhand eines inhaltsanalytischen Verfahrens seit 2006 den DAX-30-Unternehmen zeigt, wie ihr Image und damit auch der Unternehmenswert durch Medienberichte beeinflusst werden. Bentele hat dafür sieben Vertrauensfaktoren identifiziert, die entscheidend für das Verständnis sind, warum Unternehmen sich immer häufiger gesellschaftlich engagieren:

- Fachkompetenz
- Problemlösungskompetenz
- Kommunikationsverhalten
- Verantwortungsbewusstsein
- Soziales Verhalten
- Ethisches Verhalten
- Charakter

Günter Bentele und Howard Nothhaft sprechen, diese Faktoren verdichtend, von einem kommunikativen Mechanismus, wenn Vertrauen ins Spiel kommt und Akteure unter Unsicherheit und in Abhängigkeit von zukünftigen Ereignissen handeln (Bentele und Nothaft 2011, S. 50 ff.). Mit anderen Worten: Vertrauen und Kommunikation gehören zusammen!

2.3 Glaubwürdigkeit als zentrale Kommunikationsdimension

In Fall von Organisationen geht es nun weniger entwicklungspsychologisch um kommunikatives Urvertrauen, sondern um das Vertrauen in die Organisation, ihre Produkte, ihre Dienstleistungen, in ihre Managements, in ihre Aktie usw. Die psychologische Forschung spricht hier vom „systemischen Vertrauen" als Abgrenzung vom „personalen Vertrauen" (Schweer 2003, S. 323 ff.). Dabei geht es um das Vertrauen, das eine Person in bestimmte Organisationen oder Institutionen erlebt. Basiert interpersonales Vertrauen vergleichsweise einfach auf direkter Kommunikation, sozusagen – Gewissheit gebend – noch face-to-face, ist Vertrauen in abstrakte Systeme wie Wirtschaft, Politik, Wissenschaft, Kultur, Sport etc. nur mehr über medienvermittelnde Kommunikation möglich. Als zentraler Mechanismus moderner Gesellschaften ist Geltung damit nicht mehr nur eine Frage der Wahrheit, sie ist eine Frage der gesellschaftlichen Akzeptanz, eines Images. Vertrauen ersetzt dabei Gewissheit (Bentele und Nothaft 2011, S. 52).

Nicht umsonst wird in der differentiellen Vertrauenstheorie darauf hingewiesen, dass Vertrauen kein reines Wahrnehmungsphänomen ist, sondern Handlungen prädeterminiert (Schweer 2003, S. 323 ff.), erst damit vertrauensstiftend wird und darum auch erst Glaubwürdigkeit schafft. Glaubwürdigkeit in der Unternehmenskommunikation ist als angestrebtes Ziel also das Resultat kontinuierlichen Übereinstimmens von authentischem Meinen, ehrlichem Sagen, professionellem Können und bürgernahem Tun (Herbst 1999, S. 25). Die Glaubwürdigkeit eines Kommunikators ist in der Interaktionsökonomik denn auch die entscheidende Größe, die seinen Erfolg gewährleistet. Vertrauenswürdigkeit ist immerhin eine Eigenschaft, die einem Kommunikator vom Rezipienten zugeschrieben wird, sie ist im Wechselspiel zwischen Vertrauensgeber und Vertrauensnehmer eine der zentralen Dimensionen von Glaubwürdigkeit (Müller 2009, S. 15 f.). Niemand kann sich Vertrauen erkaufen, Vertrauen muss verdient werden. Der Kommunikator muss sich also aktiv um Glaubwürdigkeit bemühen. Strebt ein Kommunikator Vertrauenswürdigkeit und Glaubwürdigkeit an, so gilt auch für Organisationen, was Niklas Luhmann eigentlich auf Personen bezogen formuliert hat: Vertrauen und Glaubwürdigkeit setzen einen Akt der Selbstdarstellung voraus (Luhmann 2000, S. 48): Die Vertrauen erweckende oder bestätigende Selbstdarstellung, die Imagekonstruktion (das ist nicht nur Beschreibung; Selbstdarstellung impliziert vielmehr auch dramaturgisches Handeln), ist demnach sicherlich eine der anspruchsvollsten Aufgaben der Unternehmenskommunikation, und sie kann im Wissen um den persuasiven Charakter überhaupt nur dann zielführend sein, wenn sie – weil sie sich ja nicht nur an einen einzigen Empfänger richtet, sondern, der Logik der Massenkommunikation folgend, ein heterogenes Publikum als von Massenmedien beeinflusste, sogenannte öffentliche Meinung erreichen will und muss – einer Strategie folgt und damit auf jeden Fall auch Kosten verursacht.

2.4 Corporate Citizenship

Die Idee von der Übernahme gesellschaftlicher Verantwortung als vertrauensbildende Maßnahme symmetrischer Wertekommunikation ist in Wirklichkeit weder besonders neu, noch steht sie unmittelbar im kausalen Zusammenhang mit der Finanzkrise im Jahr 2008 und ihren Folgekrisen. Es ist vielmehr anzunehmen, dass, hätte die Wirtschaft schon vor 2007 begonnen, Verantwortung ernst zu nehmen und entsprechend zu handeln, der Welt die danach folgenden Krisen unter Umständen erspart geblieben wären. Das Konzept hat jedenfalls schon seit den 1990er Jahren mit den businessenglischen Begriffen „Corporate Citizenship" (CC), „Corporate Social Responsibility" (CSR), „Corporate Responsibiliy" (CR), „Corporate Sustainability", „Sustainability", „Transparency" oder „Good Citizen" etc. auch in den deutschsprachigen Moralprogrammen, Managements, den Medien und einigen Wissenschaftsdisziplinen Einzug gehalten. Vorwiegend in den Wirtschafts- und Sozialwissenschaften, dagegen bisher kaum in den Kommunikationswissenschaften.

Wenn es – wie bei Corporate Citizenship – in einem Konzept aber um die Kommunikation von und über Vertrauen und Glaubwürdigkeit (vgl. Raupp et al. 2011, S. 9) geht, dann ist das Ignorieren des Themas durch die Kommunikationswissenschaft im Hinblick auf die Mediatisierungstheorien der Disziplin nicht zuletzt insofern bemerkenswert, als zum Beispiel Unternehmen allein aus der Theoriedebatte um Corporate Citizenship sich gerne nur Bruchstücke klauben, um sich zu legitimieren und sich medial zu inszenieren (Stichworte „Greenwashing"/„Bluewashing"). Eine die Gesellschaft wandelnde Wirkung blieb bisher ebenso wenig untersucht (Bentele und Nothaft 2011, S. 49) wie – aus historischer Sicht – die Kommunikation über die soziale, kulturelle, ökologische etc. Verantwortung von Unternehmen; oder die Auswirkungen für eine Unternehmenskommunikation, die unter Stichworten wie „Issues-Management" oder „Communication Controlling" einem Professionalisierungsschub im Hinblick auch auf Medialisierungseffekte unterliegen (etwa wenn eine Personalselektion unter dem Gesichtspunkt der Medientauglichkeit geschieht) und eine spezialisierte (und oft ahnungslose) Kommunikationsdienstleistungsbranche zum Erblühen bringen lässt. Es ist aber bisher auch der Betriebswissenschaft nicht gelungen, dem Corporate Citizenship-Konzept eine endgültige Definition und dem Begriff eine eindeutige Bedeutung zu geben. Erstaunlich daran ist wiederum, dass auch kaum ein Versuch unternommen wird, dieses Defizit zu füllen. In der Literatur werden dafür gerne die Komplexität des Anwendungsfeldes und kulturelle Unterschiede in den Anwendungsgebieten als Erklärung für die ungewöhnliche Kapitulation vor einer Begriffsbestimmung und Konzepterfassung herangezogen (Steiner 2011, S. 12 f.). Suchanek kritisiert daher zu Recht die Diffusität des Begriffs:

> Die Bedeutung des Konzepts ‚Corporate Responsibility' ist also alles andere als klar. Es wird nicht selten nahezu synonym mit ‚Corporate Social Responsibility', ‚Corporate Citizenship', ‚Sustainability' u. a. m. gebraucht und umfasst alle möglichen Aktivitäten vom Sponsoring über Risikomanagement bis hin zur Öffentlichkeitskommunikation (Suchanek 2007, S. 1).

Es gibt jedoch wenigstens einen Common Sense darüber, dass der Faktor Coporate Citizenship Werte wie Bodenständigkeit, Tradition, soziale und ökologische Verantwortung, Kultur, Moral, Sicherheit, Vorsorgeplanung für Mitarbeiter im Sinne der Rolle des Unternehmens innerhalb der Gesellschaft einen positiven Einfluss auf Stakeholder hat und einen rechenbaren Erfolg bringen kann (Schönborn 2008, S. 99).

2.5 Merkmale der Corporate Citizenship

Die Sache wäre einfach auf den Punkt zu bringen: Corporate Citizenship kennzeichnet einen Ansatz von Verantwortlichkeit, der ein gesellschaftliches Umfeld mit unternehmerischen Zielen zum Wohle aller Partner mit Nutzen nahe am Kerngeschäft verknüpft. Neben dem gesellschaftlichen Nutzen lässt sich ein derartiges Engagement letztlich auch über den Wertschöpfungsbeitrag für Unternehmen begründen. Diese „Win-win"-Situation ermöglicht es, das unterdessen oft identifizierte Shareholder-versus-Stakeholder-Dilemma so aufzulösen, dass eine Ausweitung des Engagements auch unter wirtschaftlichen Gesichtspunkten sinnvoll erscheinen ließe (Habisch et al. 2008, S. 5 ff.). Allerdings – und Suchanek weist darauf hin – ist bei den Begriffen wie „Verantwortung", „Gerechtigkeit", „Nachhaltigkeit" usw. ohne Berücksichtigung systemischer Zusammenhänge eines Unternehmens „die Gefahr groß, durch Aktionismus Naheliegendes zu fördern oder zu tun" (Suchanek 2007, S. 2), und damit wirkungslos zu bleiben. Diese Gefahr besteht insbesondere, wenn das Bekenntnis zu CC-Maßnahmen als aktionistischer Teil der Krisen- oder Risikokommunikation erfolgt; also erst dann, wenn Gefahr in Verzug ist, und

> Kultursponsoring, Unterstützung ‚irgendwelcher' Sozialprojekte und ähnliche Aktivitäten, die in keinem Zusammenhang mit dem Kerngeschäft des Unternehmens stehen und lediglich unternommen werden, um nach außen den Anschein unternehmerischer Verantwortlichkeit zu erwecken. (ebd.),

als Flucht nach vorne herhalten müssen. Diese Art Aktivität ist häufig anzutreffen, trägt aber weiterhin kaum zur Schärfung des Corporate Citizenship-Profils bei. Im Gegenteil: „Global CSR RepTrack 100", eine internationale Studie des Reputation Institute unter 55.000 Menschen in 15 Märkten (= Staaten), hat zuletzt 2013 ergeben, dass, obwohl 73 % der befragten potentiellen Kunden bereit wären, Unternehmen mit gesellschaftlicher Verantwortung zu empfehlen, nur 17 % es tatsächlich auch tun, weil mehr als die Hälfte der Stakeholder unsicher sind, ob die 100 reputierlichsten Unternehmen der Welt wirklich sozial verantwortlich agieren, die Ausgaben für CSR also wenig bringen. CSR werde, so die Studie, falsch eingesetzt (Reputation Institut 2013). In Präzisierung der Definition von Habisch, Wildner und Wenzel bestimmt Suchanek die Corporate Responsibility eines Corporate Citizens folglich als:

> Investition in die [Bedingungen der; Anm. W. Lamprecht] gesellschaftliche[n] Zusammenarbeit zum gegenseitigen Vorteil, die – wie jede Investition – unter Unsicherheit erfolgt, bei der aber eine berechtigte Aussicht bestehen muss, dass sie einem nicht dauerhaft zum Nachteil gereicht, sondern als Grundlage für künftige ‚Erträge', in welcher Form auch immer diese anfallen mögen, dient (Suchanek 2007, S. 2).

Aus dieser Definition muss sich nun auch ein entscheidender Gedanke für Corporate Citizenship ableiten lassen: In dem Umfang, in dem Investitionen nämlich benennbar sind, müssen es auch die Erträge sein. Investition impliziert immer Ertrag. Damit werden auch Begriffe wie Reporting, Communication Control, Evaluierung oder Performance Measurement zum zentralen Dreh- und Angelpunkt von CSR. Der Schönheitsfehler daran ist, dass der Nutzen zwar immer schon gefordert, seine

Überprüfung (etwa anhand von Erträgen) aber häufig auf rein qualitativem Weg geschieht; ökonomischer Nutzen – obwohl dem CSR-Konzept per se inhärent – wird schamhaft verschmäht oder verschwiegen.

2.6 Konnotative Definitionen von Corporate Citizenship

Der wissenschaftstheoretische Diskurs zur Begriffs- und Praxisexegese von CSR und Corporate Citizenship hat sich – wenig befriedigend – in den vergangenen Dekaden darauf festgelegt, nichts festlegen zu können, zu wollen oder zu müssen. Daraus resultiert auch, dass offenbar niemand exakt wissen kann, wovon ein anderer spricht, wenn derjenige Begriffe aus dem Nachhaltigkeitsvokabular verwendet. Auch das: wenig befriedigend und innerhalb wissenschaftlicher Diskurse eher verwunderlich. Ich möchte daher an dieser Stelle den Versuch unternehmen, eine eher einfache, nichtsdestotrotz längst fällige Differenzierung und Erklärung der einzelnen Begriffe abzuleiten; nicht zuletzt auch darum, weil Corporate Citizenship-Maßnahmen innerhalb einer Unternehmenskommunikation sich dann schlüssig so darstellen lassen, dass damit schließlich auch das Kohärenz- sowie Definitionsproblem gelöst ist, nämlich wer denn womit und wobei wie gemeint sei, wenn von Corporate Citizenship und CSR die Rede ist, und damit operationabel werden.

▶ **Corporate Citizenship** bezeichnet als ethisches Selbstbildnis eines Unternehmens ein idealtypisches Modellverhältnis zwischen Bürgern, Staat und Unternehmen. Das Unternehmen bringt seine Ressourcen und Fähigkeiten gemeinwohlorientiert in den sozialen und politischen Prozess mit ein und definiert damit Rechte und Pflichten als moralisch proaktiver Bürger (Wieland 2001). Der Corporate Citizenship-Gedanke betont den Aspekt einer Verantwortungsübernahme durch Unternehmen im Sinne einer nachhaltigen Entwicklung der Gesellschaft, als deren Teil sich Unternehmen selbstverständlich sehen (Schwalbach und Schwerk 2008, S. 79).

▶ **Corporate Social Responsibility** oder **Corporate Responsibility** definiert das werte- und normengeleitete Management zur freiwilligen, solidarischen Lösung gesellschaftlicher Problemlagen im jeweiligen Umfeld eines Corporate Citizens. Mit CSR/CR werden – auch in Kooperation mit Partnern – als wichtiger Aspekt der Stakeholderkommunikation Konzepte und Maßnahmen umgesetzt, die der Lösung humanitärer, sozialer, kultureller, ökologischer oder edukativer Probleme dienen (vgl. ebd. und im folgenden) und einen Return in welcher Form auch immer nachweisen lassen. Als Maßnahmen stehen Corporate Giving, Corporate Sponsoring,

Corporate Volunteering, Corporate Investments etc. zur Auswahl. Es ist schließlich die Aufgabe der **Corporate Social Communication**, die **Corporate Social Performance** transparent zu vermitteln.

▶ Damit schafft das Unternehmen **Sustainability**, also die berühmte und viel zitierte **Nachhaltigkeit**. Darunter wird (über Umweltschutzthemen hinaus!) das langfristige Fortbestehen eines Systems – unter Berücksichtigung der Bedürfnisse und Erwartungen der Stakeholder sowie der an Werten orientierten Ziele eines Unternehmens in der Gegenwart – im Hinblick auf eine ausgewogene ökonomische, ökologische, kulturelle und gesellschaftliche Entwicklung in der Verantwortung für künftige Generationen verstanden.

▶ Wie schließlich diese Bedürfnisse und Interessen sämtlicher Stakeholder ausgleichend definiert, kommuniziert und kontrollierbar werden, das ist, um negative Auswirkungen auf die Wettbewerbsfähigkeit des Unternehmens zu vermeiden, zumindest im europäischen Verständnis Aufgabe von **Corporate Governance**. Sie fördert (im Gegensatz zum angloamerikanischen Verständnis) nicht nur das Eigentümerinteresse, sondern wirkt sich positiv auf alle Stakeholder aus.

Ein Unternehmen ist daher eine soziale Institution, die den Wohlstand aller Stakeholder, einschließlich Eigentümer mehrt. Eine gute Corporate Governance trägt zu einer schnellen Konfliktlösung bei und ist deshalb für den Unternehmenserfolg zuträglich. Gesellschaftliche Verantwortung eines Unternehmens ist deshalb untrennbar mit einer guten Corporate Governance verbunden. Der entsprechende Wertekanon, also die Grundsätze und der Verhaltenskodex, auf den sich das Unternehmen im Rahmen der Corporate Governance geeinigt hat, werden im **Code of Conduct** erklärt, die Einhaltung gesetzlicher Bestimmungen und Richtlinien sowie die transparente Vermittlung regelt die **Compliance.** Sie ist gleichwohl konstituierender Teil einer CSR.

Haben wir den Corporate Citizen-Komplex nun auf diese Art normativ definiert, werden kulturelle Faktoren, unterschiedliche soziale Sicherungssysteme und Marktformen als die vorgeblichen Rahmenbedingungen für die Definition von CSR völlig unerheblich. Im Detail entscheiden dann die Maßnahmen, die natürlich diversifiziert angewandt werden müssen. Damit wird auch die Notwendigkeit und der Nachholbedarf kommunikationswissenschaftlicher Auseinandersetzung mit Corporate Citizenship deutlich: Insofern, als nämlich die Maßnahmen von CSR als kommunikative Akte verstanden werden, und zwar in mehrfacher Hinsicht: Zum einen macht das Bekenntnis zu einer Vertrauen intendierenden Übernahme gesellschaftlicher/kultureller Verantwortung ja nur dann Sinn, wenn es coram publico, also unter Einbeziehung einer Öffentlichkeit, stattfindet. Zum anderen sind die Maßnahmen, die innerhalb der CSR von einem Corporate Citizen gesetzt werden als kommunikative und (medien-)vermittelte Handlung per se ein Statement und in ihrer Umsetzung über unterschiedliche Kommunikationskanäle ein Akt der Massenkommunikation, der nicht mehr nur systemtheoretisch, qualitativ und hinsichtlich seiner Wirkung, sondern auch wirtschaftlich bewertet werden muss; und daher auch per se als betriebswirtschaftlicher Vorgang verstanden werden soll. Damit werden auch die Funktionen von CCR deutlich:

- Als soziale Handlung ist CSR in der öffentlichen Kommunikation eine Botschaft, ein Kommunikat eines Corporate Citizens.
- Als Teil eines Reputationsmanagements ist CSR in ihrer operationalisierten Form ein Angebot von Kommunikationskanälen und Kommunikationsmaßnahmen.
- Eigenverantwortlich angewandt ermöglicht CSR einem Corporate Citizen in der symmetrischen Kommunikation das öffentliche Agieren als eigenständige Medienorganisation.

Corporate Cultural Responsibility: Theoretische Reflexionen, begriffliche Definitionen und warum CCR im Rahmen von CSR Teil der handlungsorientierten Vertrauenskommunikation sein kann

3

In der Diskussion um und über Corporate Social Responsibility wurde ein Bereich bisher häufig gestreift, kaum aber wirklich an- und ausgesprochen: die Kultur. Sie wird auch selten noch als ein Bereich begriffen, der sich innerhalb der noch jungen Disziplin CSR dringend Raum zu schaffen hat. Denn Corporate Cultural Responsibility (CCR) drückt im Rahmen von CSR nichts weniger als kulturelle Verantwortung der Unternehmen für Kultur aus, CCR ist also Teil der sozialen Verantwortung eines Unternehmens.

Tatsächlich ist der Begriff Corporate Cultural Responsibility im Jahr 2002 aus einem gemeinsamen Workshop des SIEMENS-Arts-Programms und der wirtschaftlichen Fakultät der Universität Witten/Herdecke heraus entstanden, aber noch nicht in den Kommunikationsabteilungen der Unternehmen selbst angekommen.

Über die Gründe dafür ließe sich trefflich spekulieren: Zu spät hat sich kulturelles Engagement der Unternehmen zumindest in Europa über den Begriff Kultursponsoring vor allem als Marketingmaßnahme für die Wirtschaft etabliert; zu „pubertär" stellt sich daher auch Kultursponsoring noch im Mühen um Identifikation, Legitimation und Wertigkeit innerhalb von Unternehmenskommunikation dar; zu nahe ist die Sponsoringpraxis im Verständnis vieler Entscheider noch dem Mäzenatentum: Sie folgt oft keiner Strategie, sondern Befindlichkeiten der CEOs im Hinblick auf Akzeptanz in der Öffentlichkeit, im Regelkreis von Gefälligkeiten oder zwischenmenschlichen Beziehungen. Corporate Cultural Responsibility indes fragt – so die Namensgeber Beate Hentschel und Michael Hutter – nach Hintergründen, Sinn und Nutzen einer Pflege der kulturellen Umwelt durch Unternehmen, somit nach der Verantwortung der Unternehmen für eine lebendige und leistungsfähige kulturelle

© Springer Fachmedien Wiesbaden 2014
W. Lamprecht, *Corporate Cultural Responsibility,* essentials,
DOI 10.1007/978-3-658-06657-4_3

Umwelt. CCR ist damit die Fokussierung eines „Good Citizen" (in bestimmender Ableitung der Corporate Citizenship) von CSR auf das kulturelle Engagement und umfasst über reine (Vertrauens)-Kommunikation „internes und externes kulturelles Engagement eines Unternehmens, wie Förderung und Qualifizierung von Mitarbeitern, Angebot von kulturellen Veranstaltungen oder auch Sponsoring und Mäzenatentum" (Kohl 2007, S. 347) sowie Investition in Artefakte, Rechte oder Lizenzen. Vor diesem Hintergrund und der Allgegenwart der Begriffe Verantwortung und Nachhaltigkeit im Zusammenhang mit dem CSR-Diskurs empfiehlt sich ein Moratorium für die Verwendung des Begriffs Kultursponsoring: Dieses soll und muss künftig – durchaus im Sinne des so häufig strapazierten Begriffs von Nachhaltigkeit – durch das Verständnis von CCR ersetzt werden.

3.1   Kultur und Nachhaltigkeit

Im Diskurs um CSR ist immer wieder von Nachhaltigkeit als oberstem Ziel die Rede. In der definitorischen Auslegung – und damit auch in den Nachhaltigkeitsberichten der Unternehmen – ist der etwas unscharfe Begriff fälschlicherweise auf die Begrifflichkeit von ökologischer Nachhaltigkeit fokussiert. Nicht ohne Grund, der in der Historie zu finden ist: Das im deutschen Sprachgebrauch verwendete Wort „Nachhaltigkeit" kommt tatsächlich ursprünglich aus dem Bereich der Forstwirtschaft. Hans Carl von Carlowitz schrieb erstmals 1713 von der „nachhaltenden Nutzung der Wälder". Der Begriff wurde schließlich als „sustained yield" ins Englische übertragen. 1972 taucht das Wort „sustainable" aber außerhalb der Forstwirtschaft in einem Bericht an den Club of Rome erstmals im Sinne eines Zustands globalen Gleichgewichts auf. Zwei Jahre später verwendet dann ein Dokument des Ökumenischen Rates der Kirchen bei der Definition eines neuen sozialethischen Leitbilds die Formulierung „sustainable society".

Bis heute sind die Begriffe „Sustainability" oder „Nachhaltigkeit" daher entweder stets mit einem Eindeutigkeit schaffenden Bezug zu versehen, oder es ist damit das Drei-Säulen-Modell der Nachhaltigkeit gemeint, das ökologische, ökonomische und soziale (im Sinne von: gesellschaftliche) Nachhaltigkeit umfasst. In der vorliegenden Studie ist auf der Basis des Brundtland-Reports das Drei-Säulen-Modell gemeint: Eine Entwicklung ist dann nachhaltig, wenn sie die Bedürfnisse der heutigen Generation befriedigt, ohne die Möglichkeiten zukünftiger Generationen aufs Spiel zu setzen. Wenn also Verantwortung für den Menschen übernommen wird.

Die Krisen haben die Nachhaltigkeitsdiskussion beschleunigt. Weniger im theoretischen Diskurs als vielmehr in der Praxis bedeuten Nachhaltigkeit und CSR für

die Mehrheit der Unternehmen – verglichen mit Sport- und Kultursponsoring –
das Apperzipieren zeitgemäßer und notwendiger Management-Skills, die, hurtig
perpetuiert, Grundlage dafür sein sollen, das Vertrauen der Stakeholder wieder zu
erlangen. Für das traditionelle Kulturengagement von Unternehmen – und damit
für Kultur im Sinne des Äquivalents für Kunst – ergibt sich aus diesem Nach-
denkprozess heraus ein aktuelles Problem im Hinblick auch auf die für Reputation
vorausgesetzte Medienvermittlung von CSR: Solange sich das Wort *social* nämlich im allgemeinen Verständnis auf karitatives *Hilfestellung-Leisten* reduziert und
nicht meint: Durch eigene Leistung *zum Wohlstand aller beitragen* zu wollen, lässt
sich mildtätiges Engagement auch medial leichter vermitteln. Es werden wesentlich
mehr Stakeholder Verständnis einer Entscheidung gegenüber aufbringen, die eine
Unterstützung etwa von Kinderdörfern vorsieht, als zum Beispiel von Jazzclubs.
Es wird auch die Meldung, dass ein Unternehmen einen Scheck in relevanter Höhe
zugunsten eines Umwelt- oder Tierschutzprojektes übergeben hat, für die jeweiligen Pressestellen einfacher unter Nennung des Gebers zu platzieren sein als die
Botschaft des Sponsorings eines Orchesters.

3.2   Vom Nutzen der Kunst für die Wirtschaft

„Guter Kapitalismus" wird erst durch die (im Hinblick auf die Stakeholder) par-
tizipative Auseinandersetzung mit gesellschaftlichen Themen möglich. Es scheint
nur beinahe so, als wären Kunst und Kultur keine gesellschaftlich relevanten Themen mehr. Als hätten Kunst und Kultur als semiautonomes, auf Wahrnehmung
ausgerichtetes Mediensystem mit Gesellschaft als ein füreinander kommunikativ
zugängliches Handlungssystem und erst recht mit Wirtschaft als auf die Umwelt
von Unternehmen ausgerichtete sozioökonomische Systeme nichts zu tun.

Im Sinne eines kerngeschäftsbezogenen CSR-Ansatzes möchte ich an dieser
Stelle daher die Theorie diskutieren, dass Kunst und Kultur selbstverständlich ihren
Anteil daran haben, volkswirtschaftliche und betriebswirtschaftliche Ziele mit ge-
sellschaftlicher Verantwortung in Einklang zu halten, und dabei eine Gemeinschaft,
die in der Lage sein muss, es sich leisten zu können und zu wollen, mit Gütern und
Dienstleistungen optimal so zu versorgen, dass das finanzielle Gleichgewicht eines
Unternehmens und der Zweck ausreichenden Gewinns durchführbar bleiben.

Nach Max Webers Auslegung des Begriffs Wirtschaften muss dieses so gestaltet
sein, dass wirtschaftliche Leistungen, Güter und Produkte nicht nur von der Befrie-
digung von Konsumenten-Bedürfnissen ausgehen dürfen, sondern begehrt werden
müssen, und dass für dieses Begehren Für- und Vorsorge zu sichern ist (Weber 1976,

S. 31 ff.). Diese Fürsorge kann sich etwa in Innovationen äußern, in Produktdesign, in Marketing und Unternehmenskommunikation, aber auch in sozialen Beziehungen, welche als Quelle gegenwärtiger oder künftiger möglicher Verfügungsgewalt über Nutzleistungen geschätzt werden und ökonomische Chancen bieten (ebd., S. 34). In weiterer Folge bedeutet Webers Definition in der ihr früh zugrunde liegenden Nachhaltigkeit auch, dass Unternehmen im eigenen ökonomischen Interesse Sorge mit dafür zu tragen haben, dass es der Gesellschaft gut geht. Nur in einer Gesellschaft, die Produkte, Güter und Dienstleistungen begehrt, und die sie sich dann auch leisten kann, kann ein Unternehmen überleben. Wirtschaft und Gesellschaft entpuppen sich dabei durchaus als kommunizierende Gefäße.

Beziehen wir uns nun auf die Rolle von Kunst und Kultur, dann kann abseits philosophischer und soziologischer Betrachtungen über die konstitutive Notwendigkeit einer zivilisierten Wertegesellschaft für das unternehmerische Kerngeschäft natürlich zunächst der Bereich der sozialen Beziehungen ins Treffen geführt werden: Kulturveranstaltungen, Kunstevents – sie wurden immer schon auch zum Beispiel als umwegrentable Kommunikationsplattform zur Anbahnung oder Absicherung von Geschäftsbeziehungen oder im Bemühen um Standortattraktivität genutzt. Sie dienten der Kraft der Kunst innewohnenden Reflexionsfähigkeit gesellschaftlicher Themen – gleichsam als ebenso verdichtete wie visionäre Grundlagen- und Marktforschung der Präsentation von Entwicklungen, Moden und Trends. Aber auch – insbesondere vor dem Hintergrund der Globalisierung – als Bestandsaufnahme einer kulturellen Sozialisation und Identität in der ein Unternehmen zu agieren hat.

Schließlich gelten Artefakte als Kommunikat von demonstrativer Macht, Stand und (Lebens-)Stil bis heute auch als Objekt der (die Wirtschaft fördernden) Begierde. Mit ihnen konnte immer schon Prestige und Image unter Beweis gestellt werden, sie waren seit jeher codiertes Kennzeichen taxativen Erfolgs und damit als Vorbild auch Ansporn, es dem Besitzer/Auftraggeber gleichzutun. Sammler (auch von Tonträgern, Büchern, Antiquitäten etc.) gelten als Opinion Leader, als Visionäre, die eine Gesellschaft nicht nur im Geschäftsalltag verändern, sondern mit ihrer Leidenschaft häufig auch geschmacksbildend wirken. Als Trendsetter entdecken sie neue Stilrichtrungen, prägen die Welt von Kunst und Kultur und bewegen die Märkte für außergewöhnliche Produkte. Auch, indem sie Kunst- und Designobjekte als Anlageobjekte nutzen.

Kunstwerke haben so seit jeher Stakeholder inspiriert, motiviert, beflügelt, befriedet, glücklich gemacht, und damit einen Beitrag zu sozialer Ausgewogenheit, Innovation, Wertschöpfung, Wachstum und Wohlstand geleistet, der sich, als Teil des Kreislaufs, in dem sich Wirtschaft und Kunst bewegen, auch wieder positiv auf die Kunst selbst auswirkt – und damit Künstler anzieht.

Eine solche „Concentration of Artists" produziert im Allgemeinen einen Experimentier-, Erfahrungs- und Wissensballungsraum, der sich als fruchtbarer Humus nicht nur im Hinblick auf Toleranz, Geschmack und Lifestyle, sondern vor allem auch auf den Zivilisationsgrad und die Kreativität eines sozialen Umfelds erweist. Darüber hinaus arbeiteten jeder Künstler, jedes Kunstwerk, jedes Kunstereignis am Problem, als ein solcher/ein solches erkannt zu werden. In einer mediatisierten Gesellschaft beeindruckt diese Kompetenz im kommunikativen Wettbewerb um Aufmerksamkeit. Entscheidend für eine in jeder Hinsicht ausgewogene Gesellschaft des 21. Jahrhunderts wird nämlich die Erkenntnis sein, dass am Weg von der Industrie- zur Dienstleistungs- und Wissensgesellschaft, von der Erwerbs- zur Tätigkeits- und Risikogesellschaft Kreativität, Mobilität und Flexibilität (genuine Kompetenzen künstlerischen Schaffens) zu einem Schlüsselfaktor im globalen Wettbewerb geworden sind (vgl. Rothauer 2005). Das macht sich für jedermann im Alltag bemerkbar: Es gibt zum Beispiel im Bankwesen keine Bankbeamten mehr, es gibt Kundenbetreuer und Finanzberater, deren Kapital Wissen und Know-how, Kreativität und Kommunikationsfähigkeit sind. Das technische Geldgeschäft wird auch über Grenzen hinweg heute großteils über Automaten oder automatisierte (Kommunikations-)Prozesse abgewickelt.

Letztlich geht es hier auch um die Theorie, wonach das Wissen, die Fähig- und Fertigkeiten und das Verhalten eines Menschen nicht von diesem zu trennen sind. Die Wirtschaftswissenschaft spricht hier von Humankapital, von intellektuellen Ressourcen, von einem immateriellen Vermögenswert, der sich auch auf eine Unternehmensmarke, den Brand Value niederschlägt (vgl. Lamprecht 2013, S. 219 ff.). Im Sinne der Produktivität eines Unternehmens und im Hinblick auf gesellschaftlichen Wohlstand ist dieses Kapital natürlich zu mehren (vgl. Towse 2004, S. 6 ff.). Das rührt sogar an den Kernaufgaben von CCR.

Abgesehen also von der allgemein apperzipierten, indirekten Wertschöpfung von Kunst, die den Aktionsradius eines Unternehmens und die damit verbundene interne und externe Lebensqualität durch ästhetische, unterhaltsame und kommunikative Werte verbessert, die Menschen darin diskursfähig, flexibel und kreativ hält, und einer direkten volkswirtschaftlichen Wertschöpfung durch kulturökonomische Externalitäten (Optionswert, Existenzwert, Vermächtniswert, Prestigewert, Bildungswert; vgl. Lamprecht 2013, S. 215) wird in der Diskussion um das Verhältnis von Wirtschaft und Kunst ein Aspekt immer relevanter: Viele Bereiche der Creative Industries sind als heutige Zukunftshoffnung volkswirtschaftlicher Prosperität ohne Kunst und Kultur gar nicht vorstellbar.

Weil Kultur in Abhängigkeit von Wirtschaft und Wirtschaft in Abhängigkeit von Kultur stehen, weil Kultur selbst ein bedeutender Wirtschaftszweig, Motor der Kreativität der Wirtschaft und Standort- und Imagefaktor der Wirtschaft ist (vgl. Wagner 2010, S 20 ff.), harren noch viele ungenutzte Potenziale des Prinzips unternehmerische Kulturförderung im gegenseitigen Kultur-, Güter- und Wissenstransfer auf deren Aktivierung. CCR versteht sich nämlich nicht als Kauf von Tickets und Werbeflächen für Logos:

> **Definition**
>
> **Corporate Cultural Responsibility** bezeichnet – als *eine* ergänzende Form der Kulturförderung im Rahmen von CSR – das werte- und normengeleitete Management wirtschaftlicher Vorgänge[1] des freiwilligen kulturellen Engagements eines Unternehmens/Corporate Citizens, bei dem durch die partnerschaftlich ausgelegte Investition in Künstler, Wissenschafter, kulturelle Gruppen, Kulturinstitutionen, Kulturprojekte, Kulturunternehmen oder solche der Creative Industries (kurz: Kulturträger) mittels Bereitstellung von Geld- oder Sachmitteln, Dienstleistungs-, Netzwerk- oder Know-how-Kapazitäten im Hinblick sowohl auf einen eigennützigen Financial Return on Invest (FROI), einen eigennützigen (internen oder externen) Communicative Return on Invest (CROI) aus einer möglichst breiten Öffentlichkeit, einen eigennützigen Business Return on Invest (BROI) oder Social Return on Invest (SROI) auf Basis von vertraglichen Fixierungen kommunikationsstrategisch nachhaltige Ziele zum Gemeinwohl aller Anspruchsgruppen und der Gesellschaft verbunden sind.

3.3 Die Forderung nach einem Paradigmenwechsel

Die Geschichte der Kulturförderung reduziert sich bisher auf das Extrakt einer Netzwerkelite (etwa: Politiker, CEOs, Kulturprominenz,. . .), die ihren eigenen Visionen und Interessen folgend Projekte lobbyiert und promotet haben. Vor dem Hintergrund von Haftungsfragen für Vorstände oder Geschäftsführer von Gesellschaften zumindest bemerkenswert: Die Notwendigkeit stakeholderorientierten Handels wird dabei nach wie vor kaum begriffen. Bisher zum Glück für den Kulturbereich erklärt das zum einen den Mangel an einer breiten Beteiligung bei der (politischen, und damit auch unternehmenspolitischen) Definierung von kulturellen Prioritäten, Strategien und Programmen; zum anderen – und das ist das in Wirklichkeit Bedau-

---

[1] Wirtschaftliche Vorgänge können als Prozess in Planung, Durchführung und Kontrolle gegliedert werden, Anm. d. Autors.

erliche daran – erklärt diese Unlust den geringen Stellenwert von Kultur bei einem großen Teil der Stakeholder. – Also um es sehr klar auszusprechen: der Menschen.

Um daher zu einer für die wirtschaftliche Praxis und Wissenschaft brauchbaren Lösung zu finden, ist es wahrscheinlich notwendig, den sich seit 2002, als nämlich zögernd begonnen wurde, Kultursponsoring in Corporate Citizenship-Konzepte zu übertragen (vgl. Hermanns 2005, Chart 11), schleichend vollziehenden Paradigmenwechsel vom Kultursponsoring zur Corporate Cultural Responsibilty zunächst anhand einer Nach- bzw. Neujustierung mehr oder weniger bekannter Erkenntnisse und Definitionen zu stellen:

Sponsoring   Die in der einschlägigen Literatur als Grundlage für alle Forschungsarbeiten durchdeklinierte Etymologie des Begriffs Sponsoring verweist vom lateinischen Wort *spondere* (versprechen, sich verbürgen) über die Betonung des Vertragsgedankens in der Ableitung von *sponsio* (Verpflichtung, Vertrag) bis zum, das feierliche Verlöbnis zweier Brautleute meinenden, Wort Ge*spons* im Grimm'schen Wörterbuch (vgl. Rothe 2008, S. 22). Was ursprünglich also auf interpersonale Beziehungen von und unter Menschen bezogen war, wurde über die wirtschaftswissenschaftliche Konstituierung im zeitgenössischen Sprachgebrauch auf das Verhältnis zweier Interessensparteien umgemünzt und um den Aspekt des Geld- und Leistungstransfers angereichert; wobei sich aber die drei originären Aspekte Partnerschaft, Vertrag und öffentliches Bekenntnis über den, die Bedeutung wandelnden, Zeitenlauf hinweg erhalten haben (vgl. Rothe 2008, S. 15). Wenn wir nun von unserer CCR-Definition ableiten, dann würde für Kultur- und Kunstsponsoring als idealtypisch gelten:

Definition

Kultur- und Kunstsponsoring ist *eine* durch Management geplante, durchgeführte und kontrollierte CCR-Maßnahme im Rahmen der Unternehmenskommunikation, bei der ein Unternehmen durch die vertraglich vereinbarte und auf Gegenseitigkeit ausgelegte und freiwillige Investition in Kulturträger mittels Bereitstellung von Geld- oder Sachmitteln, Dienstleistungs-, Netzwerk- oder Know-how-Kapazitäten im hauptsächlichen Hinblick sowohl auf einen (internen oder externen) Communicative Return on Invest (CROI), einen Business Return on Invest (BROI) oder einen Social Return on Invest (SROI) aus einer möglichst breiten Öffentlichkeit – zum Gemeinwohl aller Anspruchsgruppen beitragend – nachhaltige und kommunikative Ziele mit Eigennutz verbindet.

Corporate Giving, Mäzenatentum und Spendenwesen Dem Begriff des Mäzens als Förderer der Kunst und des Gemeinwesens aus ausschließlich altruistischen, also selbstlosen Gründen wird in der Sponsoringforschung in Abgrenzung zum klassischen Sponsoring gemeinhin die geschäftliche Nutzenerwartung abgesprochen (vgl. Wagner 2010, S. 16). Die Theorie lautet, dass Mäzene geben, aber – im Gegensatz zu Sponsoren – dafür keine Gegenleistung erwarten. Für die Sponsoringforschung ist damit das Thema erschöpfend geklärt, nur leider fasch (vgl. Lamprecht 2013, S. 278 ff.). Der Unterschied zwischen Sponsoring und Mäzenatentum kann kaum über die Nutzenfrage und Imagepflege definiert werden – neben steuerlichen Unterschieden in der Frage der Absetzbarkeit von Betriebsausgaben, sehr wohl aber über persönliche Motive und Interessen der Förderer, den Aspekt, weniger eine breite, sondern – wenn überhaupt – vielmehr eine Teilöffentlichkeit ansprechen zu wollen und in seiner klassischen, bisher gebräuchlichen Definition über den Verzicht auf Kontrolle und Messung der Wirkung.

Während Sponsoring selbst in seiner klassischen Definition eine wirtschaftlich ausgerichtete Maßnahme ist, die einer Öffentlichkeit vermittelt werden will, bleibt ein Mäzen in der breiten Öffentlichkeit oft unbekannt. Mäzenatentum charakterisiert demnach weniger eine Förderpartnerschaft im Rahmen der strategischen Organisationskommunikation, denn vielmehr eine, die aufgrund persönlicher Beziehungen des Mäzens mit Künstlern und/oder Gefördertern bzw. deren Vermittlern, zu deren Gruppe oft auch Politiker, Kunden, Freunde oder Familienangehörige eines Mäzens zugerechnet werden können. Ein Mäzen fördert folglich ihm bekannte und vertraute Personen oder Institutionen zwar aus einer „inneren Überzeugung" (Kössner 1999, S. 63), aber auch mit Image fördernder Erwartung (es bleibt im äußersten Extremfall einer totalen Verschwiegenheitspflicht ja immer noch über eine zumindest zweite Person, nämlich die geförderte, die berühmte gute Nachrede), ohne aber Gegenleistungen in festgelegten Zeitabläufen zu konkretisieren oder zu fordern.

Als massentauglich angelegter, kleiner Ableger des Mäzenatentums kann das Spendenwesen angesehen werden. Spenden erfolgen im Bewusstsein gesellschaftlicher Verantwortung, werden aber – im Hinblick auf Eigennutzen – auch aufgrund steuerlicher Absetzbarkeit zunehmend beliebter. Spenden kommen zumeist Sozialeinrichtungen, Hochschulen, konfessionellen Vereinigungen, Parteien, Kulturorganisationen oder dem Gesundheitssystem zugute und sind zumeist auch medial vermittelbar. Ähnlich wie beim Mäzenatentum erfolgt die Vergabe oft nicht nach strategischen Gesichtspunkten, sondern zumeist nach persönlichen Beweggründen des Entscheiders (Sympathie, Betroffenheit, Bekanntheit, Gewissen, Performance des Empfängers . . .). Gezielt geforderte Gegenleistungen vom Nutznießer sind hier eher die Ausnahme.

Für Unternehmenskommunikation relevant bleibt die Frage, ob Corporate Giving im Sinne der Eigenverantwortlichkeit eines Unternehmens und im Hinblick auf unsere getroffene CSR-Definition überhaupt anwendbar ist. Da zumindest Mäzenatentum in den meisten Fällen einer Öffentlichkeit nicht bekannt gemacht wird, ist offenkundig, dass eine allgemein gültige Antwort hier unterlassen werden muss. Im Sinne unserer CCR-Definition gilt daher für unternehmerisches Mäzenatentum wie für Spendenwesen:

Definition

Corporate Giving (Spenden, Mäzenatentum) *kann* eine ergänzende CCR-Maßnahme im Rahmen der Unternehmenskommunikation sein, wenn ein Unternehmen durch die freiwillige Förderung von Kulturträgern mittels Bereitstellung hauptsächlich von Geld- oder Sachmitteln im Hinblick sowohl auf einen (internen oder externen) Communicative Return on Invest (CROI) aus zumindest Teilöffentlichkeiten, einen Business Return on Invest (BROI) oder einen Social Return on Invest (SROI) im Ermessen des Managements persönliche Beweggründe mit unternehmerisch nützlichen und kommunikativen Zielen nicht zum Nachteil von Anspruchsgruppen und kaufmännisch maßhaltend verbindet.

Corporate Secondments/Corporate Volunteering Die Leistungen, die Unternehmen innerhalb einer Vereinbarung über das kulturelle Engagement erbringen, können materiell sein (finanzielle Unterstützung, Bereitstellung von Sachmitteln, Bereitstellung von Dienstleistungen), sie können aber auch immateriell sein (vgl. Rothe 2008, S. 29). Erfolgt die Unterstützung eines Unternehmens durch die Bereitstellung für ein kulturelles Projekt oder die Entsendung von unternehmensangehörigen Mitarbeitern zu einem Kulturbetrieb, dann wird von Secondments gesprochen. Erfolgt das Engagement der Mitarbeiter eines Unternehmens beim unterstützten Projekt auf ehrenamtlicher Basis, ist von Corporate Volunteering die Rede. In beiden Fällen profitieren aber nicht nur der geförderte Part vom Unterstützer, sondern auch der Unterstützer vom Geförderten. Denn natürlich ist auch das Kennenlernen von Skills und Erfahrungen der Kulturträger im Hinblick etwa auf Innovation, Flexibilität und Kreativität für Mitarbeiter von Wirtschaftsunternehmen mehr als nur sinnvoll (vgl. Ettlin 2008, S. 269 ff.).

> **Definition**
>
> **Corporate Secondments/Corporate Volunteering** ist *eine* durch Management geplante, durchgeführte und kontrollierte ergänzende CCR-Maßnahme im Rahmen der Unternehmenskommunikation, wenn ein Unternehmen durch die auf Gegenseitigkeit ausgelegte und freiwillige Förderung von Kulturträgern mittels Bereitstellung hauptsächlich von Manpower im Hinblick sowohl auf einen (internen oder externen) Communicative Return on Invest (CROI) aus zumindest Teilöffentlichkeiten, einen Business Return on Invest (BROI) oder einen Social Return on Invest (SROI) auf Basis von vertraglichen Fixierungen – zum Gemeinwohl aller Anspruchsgruppen beitragend – nachhaltige und kommunikative Ziele mit Eigennutz verbindet.

Events Die zeitgenössische Medienvielfalt, verbunden mit der damit einhergehenden Informationsüberlastung, stellt eine Unternehmens- oder Marketingkommunikation vor besondere Herausforderungen: Die Media-Entscheidungen, also wo welche Botschaft wann und wie platziert werden muss, werden von allen Marktbewerben oft aufgrund des gleichen Datenmaterials und mit ähnlicher oder identischer Methodik getroffen. Eine erstrebenswerte Alleinstellung lässt sich damit kaum realisieren (vgl. Hermanns und Marwitz 2008, S. 12). Events (eigen- oder fremdinitiiert) sind daher ein probates Vehikel, im Rahmen von inszenierten Veranstaltungen Kommunikationsinhalte an die Stakeholder eines Unternehmens zu vermitteln, weil sie mittels emotionaler Reize eine Basis für Assoziations- und Aktivierungsprozesse bieten. Kulturdarbietungen eignen sich – neben Sportveranstaltungen – dabei als besonders starkes, einzigartiges und sympathisches Erlebnisangebot, zumal sie das Angebot an die Zielgruppen beinhalten, sich von der Alltagswirklichkeit zu unterscheiden und in Bezug auf das Preis-Leistungsverhältnis als eher günstig einzustufen sind. Einer angestrebten Alleinstellung kommen Unternehmen hier sehr nahe.

Während die klassische Sponsoringliteraur Events nur im Zusammenhang mit der Förderung fremdinitiierter Veranstaltungen begreift, erfüllen Events im Rahmen von CCR auch als eigeninitiiertes Eventmarketing mehrere Funktionen:

- Events können Kulturengagements für eine breite Öffentlichkeit sichtbar und erlebbar machen.
- Events können den sichtbaren und erlebbaren Höhepunkt eines ansonsten wenig öffentlichkeitstauglichen Kulturengagements sein.
- Events bieten aber auch ein zusätzliches Arbeitsfeld für die Creative Industries außerhalb ihrer tradierten Räume.

- Events können schließlich auch vermarktet werden und neben einem kommunikativen langfristig auch einen finanziellen ROI generieren.

Definition

Events sind durch Management geplante, durchgeführte und kontrollierte ergänzende CCR-Maßnahmen im Rahmen der Unternehmenskommunikation, wenn ein Unternehmen durch die auf Gegenseitigkeit ausgelegte freiwillige Förderung von Kulturträgern durch Engagements im Hinblick sowohl auf einen (internen oder externen) Communicative Returnk on Invest (CROI) aus zumindest Teilöffentlichkeiten, einen Financial Return on Invest (FROI), einen Business Return on Invest (BROI) oder einen Social Return on Invest (SROI) auf Basis von vertraglichen Fixierungen – zum Gemeinwohl aller Anspruchsgruppen beitragend – nachhaltige und kommunikative Ziele mit Eigennutz verbindet.

Cultural Commissioning   Cultural Commissioning bezeichnet die gezielte geschäftliche Partnerschaft mit Kulturträgern mit der Absicht, diese durch eine Auftragsvergabe zu unterstützen. Die Beauftragung eines bildenden Künstlers zur Gestaltung beispielsweise des Covers eines Sparbuchs fällt ebenso darunter wie etwa Kompositionsaufträge etwa für eine Unternehmenshymne oder Aufträge zur Erstellung und Umsetzung eines Eventkonzeptes, Fotoaufträge, Unternehmensvideos etc.

Definition

Cultural Commissioning kann eine ergänzende CCR-Maßnahmen im Rahmen der Unternehmenskommunikation sein, wenn ein Unternehmen durch die auf Gegenseitigkeit ausgelegte, freiwillige Förderung von Kulturträgern durch Aufträge im Hinblick sowohl auf einen (internen oder externen) Communicative Return on Invest (CROI) aus zumindest Teilöffentlichkeiten, einen Financial Return on Invest (FROI), einen Business Return on Invest (BROI) oder einen Social Return on Invest (SROI) auf Basis von vertraglichen Fixierungen – zum Gemeinwohl aller Anspruchsgruppen beitragend – nachhaltige und kommunikative Ziele mit Eigennutz verbindet.

Product-/Image-Placement   Unter Product-Placement (PP) versteht man im allgemeinen die gezielte Platzierung eines Produktes als Requisite in die Dramaturgie eines Films, eines TV-Ereignisses, einer Sportübertragung, eines Bühnenstücks, eines Clips, eines literarischen oder musikalischen Werkes, eines Computerspiels etc. Beim Image-Placement scheint der Name bzw. das Logo eines Unternehmens auf. Product-Placements sind durch zwei Merkmale gekennzeichnet:

a. Das Produkt ist für den Rezipienten deutlich erkennbar.
b. Das Placement ist durch Entgeltlichkeit oder eine Gegenleistung gekennzeichnet.

Definition

Product-/Image-Placements sind durch Management geplante, durchgeführte und kontrollierte ergänzende CCR-Maßnahmen im Rahmen der Unternehmenskommunikation, wenn ein Unternehmen durch die auf Gegenseitigkeit ausgelegte freiwillige Investition in Kulturträger mittels Bereitstellung von Geld- oder Sachmitteln, Dienstleistungs-, Netzwerk- oder Know-how-Kapazitäten im hauptsächlichen Hinblick sowohl auf einen (internen oder externen) Communicative Return on Invest (CROI), einen Financial Return on Invest (FROI), einen Business Return on Invest (BROI) oder einen Social Return on Invest (SROI) aus einer möglichst breiten Öffentlichkeit auf Basis von vertraglichen Fixierungen – zum Gemeinwohl aller Anspruchsgruppen beitragend – nachhaltige und kommunikative Ziele mit Eigennutz verbindet.

Cause Related Marketing Im Sozialbereich relativ häufig angewendet, ist Cause-Related Marketing (zweckgebundenes Marketing) im Kulturbereich eine kaum anzutreffende CCR-Maßnahme. Es kann aber durchaus vorkommen, dass Kulturträger selbst zu Cause-Related-Marketing-Maßnahmen greifen. Im Grunde geht es darum, dass der Kauf eines Produktes (oder Tickets) damit beworben wird, dass das Unternehmen einen Teil des Erlöses einem gemeinnützigen Zweck oder einer Organisation als Corporate Giving zukommen lässt oder vermehrt.

Definition

Cause Related Marketing *kann* eine ergänzende CCR-Maßnahme im Rahmen der Unternehmenskommunikation sein, wenn ein Unternehmen durch die freiwillige Förderung von Kulturträgern mittels Bereitstellung hauptsächlich von Geld- oder Sachmitteln im Hinblick sowohl auf einen (internen oder externen) Communicative Return on Invest (CROI) aus zumindest Teilöffentlichkeiten, einen Business Return on Invest (BROI) oder einen Social Return on Invest

(SROI) ethische Beweggründe mit unternehmerisch nützlichen und kommunikativen Zielen nicht zum Nachteil von Anspruchsgruppen kaufmännisch Maß haltend verbindet.

Public Private Partnership   Auch über den Begriff Public Private Partnership hinzufügen (PPP) zirkulieren unterschiedliche Interpretationsvarianten. Die einen meinen damit Kooperationen zwischen Privatwirtschaft und öffentlicher Hand in strukturschwachen Regionen; die anderen meinen damit das anglo-amerikanische Modell, bei dem staatliche Leistungen an privatwirtschaftliche Unternehmen übertragen werden: Diese Firmen betreiben dann im Auftrag des Staates oder einer Gemeinde Parkuhren, Ampelanlagen, Schulgebäude, Gefängnisse etc. In der Regel handelt es sich bei PPP-Modellen aber um institutionalisierte und langfristige Kooperationen zwischen Privatwirtschaft und Akteuren der öffentlichen Hand, wobei die Fokussierung auf Ziele, die sich gegenseitig ergänzen oder auf ein erkennbares Synergiepotential bei der Zusammenarbeit im Zentrum der Überlegungen stehen (vgl. Odoj 2008, S. 284 f.). Durch die Beteiligung von Unternehmen im Rahmen ihrer Cultural Governance an Projekten der öffentlichen Hand sollten Staat und Gesellschaft profitieren. Zumindest weisen Studien des Deutschen Instituts für Urbanistik einen Effizienzgewinn von durchschnittlich zehn Prozent aus, was durchaus dem Steuerzahler zugute kommt; zahlreiche Investitionsvorhaben des Staates können überhaupt nur dank PPP realisiert werden (vgl. ebd.). Allerdings würden Unternehmen die Aufgaben wahrscheinlich auch dann übernehmen, wenn sie das Produkt oder die Dienstleistung eigenverantwortlich anbieten dürften. Ein gesellschaftlicher Mehrwert wäre da kaum erkennbar.

Um also in den Kanon von Corporate Citizenship aufgenommen werden zu können, muss PPP als Kernelement die Beteiligung einer gemeinnützigen Organisation, oder im Falle von CCR, die einer Kulturorganisation aufweisen können. Kriterien für die Zusammenarbeit können sein:

- Einklang mit den Vorgaben der öffentlichen Hand
- Beteiligung von Vertretern aller Stakeholder
- gemeinsame definierte Ziele
- realistische Budgetierung und Finanzpläne
- wesentlicher Beitrag der privaten Partner zur Projektfinanzierung
- handlungsorientierte Arbeitsweise
- Akteure von PPP besitzen Entscheidungskompetenz
- PPP-Projekte müssen erkennbar über die unternehmerischen Kernaufgaben hinausgehen
- effektive Presse- und Öffentlichkeitsarbeit

> **Definition**
>
> **Public Private Partnership** ist *eine* durch Management geplante, durchgeführte und kontrollierte CCR-Maßnahme im Rahmen der Unternehmenskommunikation, bei der ein Unternehmen in Kooperation mit der öffentlichen Hand durch die vertraglich vereinbarte und auf Gegenseitigkeit ausgelegte und freiwillige Investition in Kulturträger mittels Bereitstellung von Geld- oder Sachmitteln, Dienstleistungs-, Netzwerk- oder Know-how-Kapazitäten, die einen wesentlichen Prozentsatz der gesamten Projektkosten abdecken, im hauptsächlichen Hinblick sowohl auf einen Financial Return on Invest (FROI), einen (internen oder externen) Communicative Return on Invest (CROI), einen Business Return on Invest (BROI) und einen Social Return on Invest (SROI) aus einer möglichst breiten Öffentlichkeit auf Basis von vertraglichen Fixierungen – zum Gemeinwohl aller Anspruchsgruppen beitragend – nachhaltige und kommunikative Ziele mit Eigennutz verbindet.

Cultural Investment/Venture Philanthropy In den vergangenen Jahren hat sich im Sprachgebrauch rund um das Bekenntnis zu unternehmerischem Kulturengagement – aber auch zur öffentliche Kulturfinanzierung – immer häufiger das „Investieren in Kunst und Kultur" eingeschlichen und das klassische Begriffspaar „Sponsoring" (für private Förderung) und „Subvention" (für öffentliche Förderung) verdrängt. Gemeint ist hier die Investition in die Gesellschaft, bei der Werte geschaffen werden, die langfristig Gewinne für ein Unternehmen und den Staat erzielen. Weil sich gesellschaftliche Akzeptanz, das Image eines Unternehmens (und auch Staaten werden offensichtlich immer mehr als solche geführt), die Reputation zugunsten der Shareholder positiv auswirken.

Angesichts der Best-Practice-Pogramme, die im Zusammenhang mit unternehmerischer Kulturinvestition etwa beim unterdessen jährlich stattfindenden KulturInvest-Kongress in Berlin oder dem Kulturkreis der deutschen Wirtschaft präsentiert und veröffentlicht werden, wage ich aber zu konstatieren, dass es einen Unterschied zwischen klassischem Sponsonsoring/Mäzenatentum und Kulturinvestment nur im zeitgemäßen Sprachgebrauch gibt. – Investition klingt moderner, proaktiver, energischer; das Verständnis für unternehmerisches Kulturengagement ist jedoch gleich geblieben. Alter Wein in neuen Schläuchen, sozusagen, mit dem eigentlichen CSR-Konzept eines „Socially Responsible Investments" (SRI) oder mit Venture Philanthropy hat diese Praxis nicht viel gemein.

Im zunehmenden Wettbewerb um Kapital geht es auch darum, immer wieder neue Investoren für ein Unternehmen zu gewinnen und vorhandene Anteilseigner zu halten. Corporate Citizenship kommt da eine immer wichtigerer Rolle zu: Kapitalgeber möchten aus Überzeugung etwas Gutes tun, und in Unternehmen investieren, die nachhaltig wirtschaften, weil sie davon ausgehen, dass nachhaltig geführte Unternehmen mittel- bis langfristig die erfolgreicheren Unternehmen, also zukunftsfähig, sind, sich zumindest so gut entwickeln wie der Gesamtmarkt und der nachhaltige Mehrwert gleichsam umsonst dazu kommt. Der positive Effekt im Zusammenhang zwischen Nachhaltigkeit und wirtschaftlicher Performance wurde ja in zahlreichen empirischen Studien nachgewiesen und anhand der Entwicklung des Dow-Jones-Sustainability-Index bestätigt. Seit dem Jahr 1928, als mit der Auflage des Pioneer Fund in Boston der Einzug des Ethikgedankens in den Kapitalmarkt erfolgte, wurden im Zuge der SRI-Idee aber durchwegs nur religiöse, ökologische oder soziale (im engeren Sinn) Ansprüche erfüllt, kulturelle Ansprüche wurden bisher nicht berücksichtigt. Mit der Positionierung von Kulturträgern im Rahmen des Creative-Industries-Konzeptes als Zukunftsträger in einem per se gefragten Wachstumsmarkt besteht allerdings die Chance, Cultural Investment im Rahmen von Socially Responsible Investments als CCR-Konzept in Form aktiver Beteiligungen oder über Genussrechte attraktiv zu gestalten, zu positionieren, zu messen und zu bilanzieren. Klassisches Sponsoring ist dabei als Partizipationskapital umzudeuten. Wenn zum Beispiel das von IBM betriebene Community-Partnership-Programm im Jahr 2000 sechs neue Produkte und 15 Patente hervorbringt, dann sollte das – wir haben den Nutzen der Kunst für die Wirtschaft im Hinblick auf die Vermarktbarkeit etwa von Produktinnovationen und Urheberrechten bereits erläutert – auch bei Kooperationen mit den Creative Industries möglich sein. Und zwar derart, dass sich gute Renditen nicht nur über Image und Reputation, sondern auch über einen finanziellen Return (das eigentliche Wesen einer Investition) erwirtschaften lassen. Dass im Kulturbereich die Zivilgesellschaft bereits eine Vorreiterrolle als Mikroinvestor über die Teilnahme an Crowdfunding Projekten spielt, ist ein bemerkenswertes Phänomen. Allerdings wird im Gegensatz zu den bisher definierten CCR-Maßnahmen groß angelegtes Cultural Investment eine sein, die eine längerfristige Bindung an einen Kulturträger, also gelebte Nachhaltigkeit, voraussetzt. Mit Sicherheit aber sind Cultural Investments als „kommerziellste" der CCR-Maßnahmen zu bewerten.

Definition

Cultural Investment/Venture Philanthropy bezeichnet – als *eine* ergänzende Form der Kulturförderung im Rahmen von CSR – das freiwillige kulturelle Engagement eines Unternehmens, bei dem durch eine materielle oder immaterielle Investition in Kulturträger im Hinblick sowohl auf einen eigennützigen Financial Return on Invest (FROI), einen eigennützigen (internen oder externen)

Communicative Return on Invest (CROI) aus einer möglichst breiten Öffentlichkeit, einen Business Return on Invest (BROI) oder einen eigennützigen Social Return on Invest (SROI) auf Basis von vertraglichen Fixierungen kommunikationsstrategische und wirtschaftlich nachhaltige und kommunikative Ziele zum Gemeinwohl aller Anspruchsgruppen und der Gesellschaft verbunden sind.

3.4 Die Messbarkeit von Zielen der CCR

Sicher ist: Wenn Unternehmen CCR-Maßnahmen einsetzen, dann wollen sie in der Regel mehrere Ziele erreichen. Die Idee dazu, der Weg dorthin und das Ergebnis wollen – nicht bloß, weil einem solchen Prozess menschliches Handeln zugrunde liegt, sondern vielmehr, weil es bei CCR auch um ein wirtschaftliches Handeln geht, das in der Betriebswirtschaftslehre nach ökonomischen Prinzipien zu erfolgen hat – letztlich kontrolliert sein. Bereits 1969 postulierte Heinen, dass die Betriebswirtschaftslehre „bei ihren theoretischen Untersuchungen von wirklichkeitsentsprechenden betriebswirtschaftlichen Zielen ausgehen muss" (Heinen 1969, S. 217).

Mit der Kenntnis der Wirkungen des klassischen Sponsorings können nun einige Ziele von CCR abgeleitet werden. Einerseits geht es dabei um außerökonomische kommunikative Ziele wie Erhöhung und Stabilisierung des Bekanntheitsgrades eines Unternehmens oder einer Marke, um die Kreation, Stabilisierung oder Veränderung eines Images, um Kontaktpflege, Kundenbindung, Mitarbeitermotivation oder um die Leistungsdemonstration von Produkten. Zum anderen stehen freilich auch ökonomische Ziele im Fokus des unternehmerischen Interesses, wenn der Einsatz von CCR der zielgerichteten Beeinflussung von Meinungen und Einstellungen dient, damit über eine Veränderung des Konsumentenverhaltens oder Neukundengewinnung eine Erhöhung ökonomischer Erfolgsgrößen wie Umsatz, Gewinn oder Marktanteil bewirkt wird. Das Problem in der Praxis besteht nun darin, dass die Erreichung vieler dieser Ziele in mehr oder weniger aufwändigen Verfahren empirisch argumentierbar sein kann (und die Befunde aus einer entsprechenden Kontrolle oder Evaluation[2], solange sie als systematischer informationsverarbeitender Pro-

---

[2] Evaluation meint als spezifischen Typ der Sozialforschung die Beschaffung von Informationen über Verlauf und Resultate eines „Programms" mit explizit formulierten Zielen und Instrumenten, vgl. MARWITZ 2006, S. 180. Eine Detailierte Beschreibung der theoretischen Grundlagen, der theoretischen Entwicklung, der Methoden und des Managements von Sponsoring-Evaluation siehe MARWITZ 2006, S. 175 ff., Anm. d. Autors.

zess angelegt ist, zur Steuerung und Lenkung eines CCR-Managements periodisch wiederkehrend auch unerlässlich sind), die Grundlage für wirtschaftliche Entscheidungen – und Investitionen in Kultur fallen darunter – besonders in Zeiten der Notwendigkeit budgetärer Disziplin zum Wohle des Unternehmens (wenn schon nicht auf Wahrscheinlichkeitsformeln basierender Modelle des Wertecontrollings) aber Kennzahlen sind. Kennzahlenbasierte Darstellungsformen kommunizieren einem Management, nämlich Rahmenbedingungen für ein situationsbezogenes Verhalten; auch in der Darstellung gegenüber der Öffentlichkeit. Nur gibt es für CCR bisher keine entsprechenden Kennzahlen.

Womit auch schon erklärbar ist, warum in der Realität der Unternehmenspraxis kein Unternehmen Sponsoring umfassend kontrolliert. Vor dem Hintergrund verschärften Wettbewerbs, dem sich Unternehmen auch künftig zu stellen haben, bedeutet diese Ausgangslage für Kultursponsoring nichts Gutes. Denn Unternehmen, die aktiv am Wirtschaftsverkehr teilnehmen, *müssen* sorgfältig und gezielt mit ihren Ressourcen umgehen. Das gilt unabhängig auch von gesellschaftsrechtlichen Vorgaben, die den Einsatz und die zweckgerichtete Verwendung finanzieller Mittel betreffen, schon allein deshalb, weil andernfalls die Rentabilität oder gar die Existenz des Unternehmens bedroht sein könnten (Wolff 2003, S. 2).

Die zunehmende Mediatisierung, Medialisierung und Fragmentierung der Gesellschaft, die wachsende Bedeutung immaterieller Vermögenswerte wie Marken, Reputation, Mitarbeiter-Commitment oder Kundenloyalität in der Wirtschaft oder die Stakeholder-Orientierung haben dazu geführt, dass Kommunikationsverantwortliche in Unternehmen heute vor einer komplexen Herausforderung stehen, der Beitrag der Kommunikation zur Wertschöpfung und zum Erfolg eines Unternehmens aber nicht immer sofort ersichtlich gemacht werden kann. Das gilt freilich in besonderem Maße für kommunikative Subsysteme, wie sie Maßnahmen im Rahmen von CCR sind. Da es für CCR – von Sponsoring und CSR abgeleitet – ausreichend praktische und theoretische Literatur, Beispiele, Anwendungshandbücher und basale Studien zu fast allen Elementen des Controllings gibt, widmet sich diese Arbeit jenen Faktoren, die in der klassischen Sponsoringliteratur bisher terra incognita sind: sogenannten Berichtskennzahlen[3], bestehend aus einem Wert und einer Einheit. Das Ziel ihrer Anwendung soll sein, wirtschaftsethisch erwünschtes Handeln und vorgegebene Ziele in Abstimmung mit den Vorgaben des Marktes dauerhaft zu verbinden. Denn CCR sollte grundsätzlich als Erfolgsfaktor in einem Geschäfts- oder Nachhaltigkeitsbericht auftauchen, nicht als Verlustbringer oder philosophischer Essay.

---

[3] Im Unterschied zu Ursachen-und Wirkungskennzahlen, Anm. d. Autors.

Für das CCR-Konzept sollen genau darum weniger theoretische Wirkungskontrolle und empirisch gestützte Evaluationen (Ursachen- und Wirkungskennzahlen), sondern ergänzend ein erfolgsorientierter, betriebswirtschaftlicher Ansatz diskutiert werden, wobei für diesen gleichwohl zu fordern sein wird, was für die meisten qualitativen Modelle Gültigkeit besitzt: Sie sind theoretische Konstrukte, die nicht mit der Realität zu verwechseln sind, aber Ausschnitte aus der Wirklichkeit auf einer kennzahlen-basierten Ebene sowie zum Zwecke einer besseren Beobachtung fokussieren.

Es sei ganz klar festgehalten: Betriebswirtschaftliche Kennzahlen sagen nichts über die Ursache-Wirkungs-Beziehungen und die Wahrnehmung von CCR-Maßnahmen aus. In dieser Hinsicht lassen sie „bloß" Interpretationen von Geschäftsprozessen zu. Kennzahlen geben einen raschen Überblick über die betrachteten Bereiche eines Unternehmens zu einem gewissen Zeitpunkt. Sie können als Zahl oder Zahlenverhältnis Aussagewert besitzen und sowohl isoliert von sonstigen Kennzahlen Betrachtung finden als auch innerhalb eines geordneten Ganzen. Die Anwendung von Kennzahlen dient der Ökonomisierung, der analytischen Darstellung der Kommunikationsmaßnahmen mit dem Zweck, Managemententscheidungen, die auch im CSR-Modell auf betriebswirtschaftlicher Grundlage zu erfolgen haben, auf Basis einfach zu apperzipierender Informationen zu erleichtern und als Instrument des Reportings innerhalb kürzester Zeit auch für eine größere Öffentlichkeit nachvollziehbar zu machen. Wir können in Ableitung von Lutz Heinrichs Definition einer Information über Handlungsbedingungen sogar sagen, dass Kennzahlen aus einer Fülle von Daten ein handlungsbestimmendes Wissen über vergangene, gegenwärtige und zukünftige Zustände der Wirklichkeit und Vorgänge in der Wirklichkeit anschaulich mit dem Zweck verdichten, Entscheider (intern) und Opinion Leader (extern) sowie – bei Bedarf – Stakeholder mit *aktueller* Information zu versorgen (Hirsch 2002, S. 78).

Das Denken in Kennzahlen wird daher auch für die Unternehmenskommunikation immer entscheidender: Heute werden Imagewerte ebenso gemessen wie die quantitative und qualitative Resonanz der redaktionellen Berichterstattung. Es braucht keine Fähigkeit zur Hellseherei, um vor dem Hintergrund schrumpfender Kultur-Medienräume und der Unwilligkeit von Medien die in der Kultur engagierten Unternehmen in ihrer Berichterstattung zu nennen, die Prognose zu erstellen, dass Medienanalysen als am häufigsten angewandte Form der Kontrolle alleine alsbald dazu führen werden, die klassischen Sponsoringetats massiv zu beschneiden.

Die im Folgenden zusammengefassten und vorgestellten Berichtskennzahlen spiegeln mögliche einfache Anwendungen wider. Nicht alle werden für jede CCR-Strategie, CCR-Planung oder jedes CCR-Controlling notwendig, nicht jede generell für einen CCR-Investor nutzbar sein. Es ist die Herausforderung des Managements,

Kennzahlen zu identifizieren. Dabei gelten auch die für PR von Besson aufgestellten Forderungen:

- Wenige entscheidende Kennzahlen sind nützlicher als viele unwichtige
- Verknüpfung mit Visionen, Werten und kritischen Erfolgsfaktoren
- Kennzahlen sollen Vergangenheit und Zukunft berücksichtigen
- Kennzahlen sollen für alle Hierarchie-Ebenen einheitlich sein (und damit auch das Reporting der Corporate Performance berücksichtigen)
- Mehrere Kennzahlen können zu Gesamtindizes der Performance verdichtet werden.
- Kennzahlen sollen geändert werden, wenn sich Strategien und Rahmenbedingungen ändern
- Kennzahlen müssen Vorgaben oder Ziele haben, die auf Evaluation beruhen (Besson 2008, S. 208).

Die hier zur Diskussion gestellten Kennzahlen[4] berücksichtigen auch keine Zu- oder Abschläge aus qualitativen Analysen. Es ist also durchaus gerechtfertigt, von Bruttokennzahlen zu sprechen. – Der Begriff *brutto* für *gesamt* leitet sich ja ohnehin vom lateinischen *brutus* für *stumpf* oder *unrein* ab.

Publikumsmessung   Die Publikumsmessung dient der Summenfindung des Kontaktes von Stakeholdern mit CCR-Maßnahmen. Es wird zwischen direktem Publikum (Menschen, die eine Veranstaltung im Rahmen von CCR besuchen) und indirektem Publikum (Menschen, die eine CCR-Veranstaltung über Medien verfolgen oder vermittelt bekommen) unterschieden (Marwitz 2006, S. 97).

Clippings bzw. Pressbook-Methode   Dabei werden jene Ausschnitte aus Print- und Onlinemedien sowie Mitschnitte aus elektronischen Medien erfasst, die Auskunft über das CCR-Engagement geben und zu einer Dokumentation zusammengefasst werden können.

Medienresonanzanalyse   Hierbei erfolgt eine statistische Aufbereitung der Medienpräsenz nach quantitativen und inhaltsanalytischen Kriterien. Als vertiefende Kennzahlen müssen Initiativquotient, Initiativindex, Transformationsgrad und Akzeptanzniveau bestimmt werden.

Share of Voice   Die Quantität der Clippings sagt nichts darüber aus, ob und wie oft ein CC genannt wurde. Es entstehen aus der einfachen Pressbook-Methode

---

[4] Detaillierte Definitionen und Anwendungen: Siehe Lamprecht 2013, 330 ff.

daher zwei Werte, die es aus Sicht des CCR-Investors zu berücksichtigen gilt: Der unkorrigierte Clipping-Bruttowert, der darüber Auskunft erteilt, wie oft eine CCR-Maßnahme in der Medienberichterstattung Berücksichtigung gefunden hat; und der unkorrigierte Clipping-Nettowert, der angibt, wie oft der CCR-Investor in den Berichten vorkommt.

Werbewertanalyse   Errechnet wird, welcher Betrag für klassische Werbung hätte aufgebracht werden müssen, um jenen Medienraum zu erreichen, der durch die Berichterstattung über eine CCR-Maßnahme erzielt werden konnte.

Beleg-Methode   Sie erfasst die Auflagenhöhe von Druckschriften, Katalogen, Datenträgern, Programmheften usw., die mit dem Unternehmensaufdruck (Logo, Hinweis, Danksagung...) versehen wurden.

Effizienzkontrolle   Für eine Beurteilung der Effizienz ist die Wirksamkeit, also die Effektivität der CCR-Maßnahme im Hinblick auf die mit dem Einsatz der Maßnahmen verfolgten Ziele maßgeblich.

Umsatzperspektive   Diese Effizienzkennzahl basiert auf der Annahme, dass zwischen dem Zeitpunkt der Anhebung von unternehmerischen Budgets eines CCR-Projekts und dessen Abschluss sich die Aufmerksamkeit steigert und ein Mehrumsatz generierbar sein müsste bzw. sollte.

Klassische Kontaktzahlen   Kontaktzahlen bezeichnen die summarische Häufigkeit des Kontaktes von Zielgruppen mit den CCR-Maßnahmen.

Direkte Kontaktzahlen   Nicht nur Rezipienten von Medien oder Werbemitteln kommen in Kontakt mit Kommunikationsbotschaften eines CCR-Investors, direkte Kontakte, also Besucher von Veranstaltungen tun es umso mehr und in anderer Qualität. Da es kein Bewertungsverzeichnis für diese CCR-Konsumenten gibt, muss erst eines erstellt werden. Die Bewertung der direkten Zielgruppe muss also sowohl kompositionell als auch holistisch erfolgen.

Deckungsbeitrags Index (DBEx)   Der Deckungsbeitrag (DB) weist in seiner klassischen Definition jenen monetären Aufwand aus, den ein Investor pro realem Kontakt einer CCR-Maßnahme bereitgestellt hat.

Kalkulatorischer Nutzen   Hier wird eine erzielte Medienwirkung mit jenen Preisen verglichen, die ein CCR-Investor normalerweise für entsprechende klassische Werbung hätte investieren müssen.

Zielerreichungsgrad   Unter Berücksichtigung einer betriebswirtschaftlich richtigen CCR-Planung und -budgetierung soll eine Zielerreichung als Indikator der Wirtschaftlichkeit über eine isolierte bzw. instrumentalisierte Betrachtung operationalisiert werden: 100 Prozent, Zielerreichung entspricht 100 Prozent, Wirtschaftlichkeit.

Inter-Communication-Task-Index   Die CCR-Maßnahmen werden mit anderen Kommunikationsmaßnahmen hinsichtlich Wirtschaftlichkeit verglichen.

Reputation Ratio   Die Totalität der Reputation ist ein zentrales Problem auch der Wirkungsmessung einer CCR-Maßnahme. Detaillierte Messverfahren stehen als Anwendungsmöglichkeit selten zur Disposition, die von Jutta Menninger diskutierten standardisierten Messverfahren wie der „Media Reputation Index" von Eisenegger und Imhoff (2008)[5], der „Corporate Reputation Monitor"[6], das von Ingenhoff entwickelte „Integrated Reputation Management System" (2007)[7], der „RepTrack" (2009)[8] oder der „Reputation Performance Manager"[9] lassen wohl die

---

[5] Eine Inhaltsanalyse zur Erhebung des Akzeptanzniveaus mit Schwerpunkt auf Reputation, Anm. d. Autors, vgl. MENNINGER, Jutta, Markenbewertung: Methoden und Standards, in: PFANNENBERG, Jörg/ZERFASS, Ansgar (Hrsg.), Wertschöpfung durch Kommunikation. Kommunikations-Controlling in der Unternehmenspraxis, S. 159 ff. Frankfurter Allgemeine Buch, Frankfurt/Main 2010.

[6] Basiert auf einer Stakeholderbefragung, die zwischen Wissen und Einschätzung unterscheidet und aus ingesamt sechs Indikatoren einen Index errechnet, Anm. d. Autors, vgl. MENNINGER 2010, ebd.

[7] Auf Basis von Stakeholderbefragung und Medienresonanzanalysen werden Messansätze zusammengeführt, in drei Faktoren (funktional-kognitiv, sozial und affirmativ-emotional) zerlegt und zu einem zu einem Index verdichtet, Anm. d, Autors, vgl. MENNINGER 2010, ebd.

[8] Ein aggregiertes Modell, das auf einem generischen Index (Global RepTrack Pulse) erfolgt, der aus einer mehrdimensionalen, weltweiten Stakeholderbefragung des Beratungsnetzwerkes Reputation Institute ausgewiesen wird, Anm. d, Autors, vgl. MENNINGER 2010, ebd.

[9] Dieses Modell basiert auf neun weitgehend branchenunabhängigen Reputationsdimensionen, die durch spezifische Indikatoren operationalisiert und mit Vertrauen und stakeholderspezifischen Verhaltensabsichten in Beziehung gesetzt werden, Anm. d. Autors, vgl. MENNINGER 2010, ebd.

Gesamtreputation ermessen, nicht aber den Beitrag von Teilbereichen der Unternehmenskommunikation, abseits der mathematischen Verhältnisse von Budgetanteil zu Erfolg. Daher kommen vielmehr aggregierte Urteile, die die subjektive Meinung eines oder mehrerer Akteure über den Ruf eines Unternehmens und/oder seines Kooperationspartners widerspiegeln zum Einsatz. Sie können einzeln gezählt oder ausgewertet Kennzahlen ergeben.

Net Promotor Score Einen einfacheren Ansatz in der Disziplin systematischer Befragungen liefert das von der Münchner Managementberatung Brain & Company entwickelte Modell des Net Promotor Scores (NPS). Der NPS ist nicht weit weg vom Drücken des Like-Knopfs etwa bei Facebook. SM-Plattformen erleichtern auch eine sehr einfache Ableitung eines **Share of Discussion:** Es zählt nicht nur, wer eine Site „like-t" oder einem Anwender „follow-t" viel mehr zählt, wer über Einträge, Aktionen, Postings spricht, sie kommentiert oder sie teilt – und damit zunächst eine kommunikative Umwegrentabilität erzielt.

Social Media Monitoring Anhand mittlerweile zahlreicher, sich laufend entwickelnder Social-Media-Monitoring-Tools lassen sich die entsprechenden Kommunikationsstrategien einfach benchmarken und deren Erfolge ablesen. Einige Tools erfüllen kostengünstig auch schon Funktionen der klassischen Wirkungsforschung (Demografie, Sentimentanalysen).

Zielgruppenresonanz Diesbezügliche Kennwerte können sehr einfach über die Kategorie Aktivität bei Veranstaltungen wie Pressekonferenzen, Konzerten, Events etc … evaluiert werden, indem zum Beispiel Einzelwerte aus der Quote von Einladungen/Zusagen/Teilnahmen dargestellt werden, die Anzahl an Fragen und Wortmeldungen (etwa bei Pressekonferenzen, Vorträgen, Diskussionen, …) gezählt wird, die Dauer einer Veranstaltung verzeichnet wird oder die Reichweite/ Zufriedenheit/der Nutzwert mit Medien des CCR-Corporate Publishings. Wie diese Einzelinformationen zusammenzufassen sind, ist für jedes Projekt individuell zu entscheiden. Zur Bewertung dienen etwa Zielwerte, Erfahrungswerte (Vormonat, Vorjahr), Vergleichsdaten, … (vgl. Besson 2008, S. 254), die Clusterung in einzelnen Anspruchsgruppen zwischen Kunden und Mitarbeitern ist einfach zu vollziehen.

Kostenäquivalenzwert Darunter soll in unserem Zusammenhang jener Wert verstanden werden, der unbare Dienstleistungen des Kulturträgers im Rahmen des CCR-Engagements als Gegengeschäft in einem monetären Wert zusammenfasst.

Kostenkennzahlen Unter Kostenkennzahlen subsumieren wir den Aufwand, den ein Unternehmen in CCR-Maßnahmen investiert. Kosten können sowohl monetär (Budgets für Sponsoring, Corporate Giving, Personalkosten, . . .) als auch nicht monetär (Dienst- und Sachleistungen, Corporate Volunteering, Lobbying, . . .), aber monetär bewertbar entstehen.

CCR-Marktanteil CCR ist Teil des Sponsoringmarktes. Der Marktanteil ist einfach errechenbar, sowohl absolut als auch relativ.

Umwegrentabilität Sie misst jene wirtschaftlichen Folgen, die durch Besucher eines Kulturbetriebs oder eines Kulturprojektes in dessen Umfeld ausgelöst werden.

Public Value Unter Public Value sollen hier – additiv zur Umwegrentabilität – allgemeine Kennwerte verstanden werden, die, je nach Maßgabe des Code of Conduct, Leistungen und Dienste des CCR-Managements, die Stakeholdern Nutzen bringen, zu Berichtskennzahlen verdichten: dazu zählen etwa die Anzahl der investierten Projekte, Kennzahlen zu Arbeitsplätzen oder künstlerischen Aufträgen; die Anzahl von CCR-Projekten, die mit anderen CSR-Projekten verknüpft wurden, das interne Involvement, externe Partner etc. Darstellen lassen sich auch die geografische Verbreitung oder die Diversifikation der Maßnahmen. Im Prinzip orientieren sich diese Zahlen und Angaben auch an den Kennzahlen und Reporting-Richtlinien der London Bench-marking Group.

CCR-Kennzahlen für Bilanzen Klassisches Kultursponsoring hat für Unternehmensbilanzen bisher nur in Fall von Prüfungen und auch da eher kritische Relevanz So nicht etwa Sammlungen von Artfekaten – wenn sie im eigentlichen Sponsoringverständnis überhaupt dem Kunstsponsoring zugeordnet werden – (abschreibbar) im Anlagevermögen aufscheinen, hat klassisches Sponsoring nur im Zusammenhang mit Aufwänden den Unternehmensgewinn minimierende Bedeutung. Das kann steuerliche Vorteile bringen, ist aber – weil im Detail auch nicht sichtbar – für Hardcore-Betriebswirte keine ausreichende Motivation, Sponsoring wirtschaftlich notwendig zu finden. CCR bietet aufs Erste nun auch keine unmittelbare Sichtbarkeit in Bilanzen an, zumindest aber Ansätze, die es lohnenswert erscheinen lassen, im Zusammenhang mit einer unternehmerischen Bilanzpolitik (da ein Überschuss der Aktiva über die Passiva als Bilanzgewinn zu interpretieren ist, kommt der Bewertung des Verhältnisses einige Bedeutung zu) darüber nachzudenken, welche Maßnahmen (Markenrechte, Lizenzrechte, Urheberrechte, Genussrechte, Artefakte, etc. aus Cultural Investments, IP-Vermögenswerten, Sammlungen) aktiviert werden können und sollen und welche nicht.

3.5 CCR-Communication

Wir können den Begriff der Corporate Social Performance als das Ausmaß definieren, in dem sich ein Unternehmen verantwortlich verhält. Das Modell soll dazu dienen, ökonomische und soziale Aspekte nicht als konträre, sondern als komplementäre (Kommunikations-)Ziele eines Unternehmens zu verstehen. Grundlage dafür sind – in Anlehnung an das rein ökonomische Berichtswesen – Kennzahlen, die regelmäßig und systematisch über die soziale Verantwortung und die Leistungen und Aktivitäten des Unternehmens sowie deren positive und negative Auswirkungen informieren. – Nicht nur dafür wurden letztlich hier auch CCR-Kennzahlen definiert. Denn die CCR-Kennzahlen und -Berichte legen nicht nur die Aktivitäten des Unternehmens für Stakeholder oder Impact Investoren offen, sie können sowohl intern genutzt werden als auch als Ausgangsmaterial für (in einigen Ländern unterdessen gesetzlich verpflichtete) CSR-Berichte, länderübergreifende Leitlinien und Initiativen, die zunehmend an Bedeutung gewinnenden Wissensbilanzen, Corporate Trust-, Creative- und Glücks-Indizes, eigene CCR-Berichte und damit: Corporate Responsibility Communications (CRC) im Rahmen von CCR dienen.

Aus kommunikationswissenschaftlicher Sicht ist dabei vor allem auch die öffentliche Kommunikation von Interesse, als deren Akteure identifizierbar sind (vgl. Rauppv et al. 2011, S. 522):

Unternehmen mittels professionalisierter PR Über die klassischen PR-Instrumente hinaus spielen hier vor allem die erwähnten Berichte sowie die Selbstdarstellung als Media Citizen eine große Rolle.

Journalisten Als Her- und Bereitsteller von Themen sind Journalisten ein wesentlicher Bestandteil der Öffentlichkeit, auch wenn CCR (aber auch CSR) in der journalistischen Medienberichterstattung (abseits von Advertorials) noch kaum Resonanz findet. Letztlich sind Journalisten aber auch Stakeholder.

Medienunternehmungen Ihnen werden sogar zwei Verantwortungsebenen zugeschrieben, einmal im Hinblick auf das Unternehmen selbst und ein weiteres Mal auf die gesellschaftliche Verantwortung des Journalismus.

Experten Am CCR-Diskurs sind zumeist auch CSR-Fachleute, NGOs, Kulturunternehmen bzw. zivilgesellschaftliche Akteure im Lichte einer kritischen Öffentlichkeit beteiligt.

Publikum/Rezipienten Obwohl der Einzelne kaum Gehör in der massen-medialen Öffentlichkeit findet, kann er in seiner Rolle als Kunde/Konsument über ethischen oder moralischen Konsum auf CCR-Aktivitäten reagieren. Die Unternehmen greifen ein solches Verhalten mit spezifischen Kommunikations- und Marketingaktivitäten auf.

CCR-Kommunikation kann daher als Vertrauen generierendes Erleben und Handeln in der Beziehung von Organisation und Gesellschaft betrachtet werden, stets vor dem Hintergrund sozialen Wandels. Bei CCR-Kommunikation kann daher letztlich nicht nur von Vertrauens- sondern auch von Verantwortungskommunikation gesprochen werden.

Was Sie aus diesem Essential mitnehmen können

- In der Organisationskommunikation kommt zunehmend der Handlung in Bezug auf Glaubwürdigkeit eine entscheidende Rolle zu.
- Die Hypothese lautet: CSR ist als dramaturgische Handlung ein positiver Erfolgsfaktor für das Unternehmensimage, weil die Information, dass ein Unternehmen als Corporate Citizen handelt, die generelle Tendenz zu positiven Bewertungen auch gegenüber anderen Informationen über das Unternehmen – und damit Glaubwürdigkeit und Vertrauen – fördert.
- Kunst und Kultur können nun entlang der Kernkonzeption von CSR eine sehr effektive Rolle spielen. Denn Kunst und Kultur sind nicht nur Voraussetzung von Kommunikation, sie haben relevante Funktionen auch im Zusammenhang mit Zivilisation, Wirtschaftswachstum, sozialer Ausgewogenheit, Image-Formation, immateriellen Vermögenswert, Mediensystemen, ROIs oder als Kommunikat.
- Dauerhafte Anwendung wird unternehmerische Kulturförderung nur dann erfahren, wenn sie nicht im Widerspruch zu den betriebswirtschaftlichen Zielen des Gebers steht und sich – in einem wachsenden Marktumfeld – als Kommunikationsmaßnahme auch ökonomisieren lässt.
- Das CCR-Konzept versteht sich im Rahmen eines Wertemanagements als notwendiger Paradigmenwechsel, der sowohl eine Neudefinition von Sponsoring evoziert als auch die Betrachtung von CCR als Management des Prozesses erfolgsorientierter strategischer Vertrauenskommunikation im Interesse aller Stakeholder und der ökonomischen Eigenverantwortung des Unternehmens.

© Springer Fachmedien Wiesbaden 2014
W. Lamprecht, *Corporate Cultural Responsibility,* essentials,
DOI 10.1007/978-3-658-06657-4

Literatur

Albach, H. (1980). Vertrauen in ökonomische Theorie. *Zeitschrift für die gesamte Staatswissenschaft, 136*(1), 2–11. (Tübingen).

Bentele, G. (1994). Öffentliches Vertrauen – normative und soziale Grundlage für Public Relations. In W. Armbrecht & U. Zabel (Hrsg.), *Normative Aspekte der Public Relations. Grundlagen und Perspektiven.* Opladen: Eine Einführung.

Bentele, G., & Nothaft, H. (2011). Vertrauen und Glaubwürdigkeit als Grundlage von Corporate Social Responsibility: Die (massen-)mediale Konstruktion von Verantwortung und Verantwortlichkeit. In J. Raupp, S. Jarolimek, & F. Schultz (Hrsg.), *Handbuch CSR. Kommunikationswissenschaftliche Grundlagen, disziplinäre Zugänge und methodische Herausforderungen* (S. 45–70). Wiesbaden: VS Verlag für Sozialwissenschaften.

Besson, N. A. (2008). *Strategische PR-Evaluation. Erfassung. Bewertung und Kontrolle von Öffentlichkeitsarbeit* (3. Aufl.). Wiesbaden: VS Verlag für Sozialwissenschaften.

Ettlin, T. (2008). Secondment. In A. Habisch, R. Schmidtpeter, & M. Neureiter (Hrsg.), *Handbuch Corporate Citizenship. Corporate Social Responsibility für Manager.* Berlin: Springer.

Fukuyama, F. (1995). *Trust: Human nature and the reconstitution of social Order. The social virtues and the creation of prosperity.* New York: Free Press.

Gottschalk, I. (2006). *Kulturökonomik. Probleme, Fragestellungen und Antworten.* Wiesbaden: VS Verlag für Sozialwissenschaften.

Habisch, A., Wildner, M., & Wenzel, F. (2008). Corporate Citizenship als Bestandteil der Unternehmensstrategie. In A. Habisch, R. Schmidpeter, & M. Neureiter (Hrsg.), *Handbuch corporate citizenship. Corporate social responsibility für Manager.* Wiesbaden: Springer.

Heinen, E. (1969). Zum Wissenschaftsprogramm der entscheidungsorientierten Betriebswirtschaftslehre. *Zeitschrift für Betriebswirtschaft, 39,* 207–220. (Wiesbaden).

Herbst, D. (1999). *Krisen meistern durch PR – Ein Leitfaden für Kommunikationspraktiker.* Köln: Hermann Luchterhand Verlag.

Hermanns, A., & Marwitz, C. (2008). *Sponsoring: Grundlagen • Wirkungen • Management • Markenführung* (3. Aufl.). München: Vahlen.

Hirsch, B. (2002). *Werte-Controlling. Zur Berücksichtigung von Wertvorstellungen in Unternehmensentscheidungen.* Wiesbaden: Deutscher Universitätsverlag.

Kohl, M. (2007). Corporate Cultural Responsibility. Das kulturelle Engagement österreichischer Unternehmen. *SWS-Rundschau, 47*(3), 343–362. (Wien).

© Springer Fachmedien Wiesbaden 2014
W. Lamprecht, *Corporate Cultural Responsibility,* essentials,
DOI 10.1007/978-3-658-06657-4

Kössner, B. (1999). *Marketingfaktor Kunstsponsoring. Neue Impulse durch Partnerschaften von Wirtschaft und Kunst.* Seedorf: Signum.

Lamprecht, W. (2013). *Schaffe vertrauen, rede darüber und verdiene daran.* Wiesbaden: Springer.

Luhmann, N. (2000). *Vertrauen. Ein Mechanismus der Reduktion sozialer Komplexität.* Stuttgart: UTB.

Mandel, B. (2010). *PR für Kunst und Kultur. Handbuch für Theorie und Praxis.* Bielefeld: Transcript.

Marvitz, C. (2006). *Kontrolle des Sponsorings. State oft he Art und methodischer Ansatz.* Wiesbaden: Deutscher Universitätsverlag.

Müller, G. (2009). *Werbung und Vertrauen – Widerspruch oder Notwendigkeit?* Diplomarbeit. Wien: Universität Wien.

Odoj, G. (2008). Public Private Partnership II. In A. Habisch, R. Schmidtpeter, & M. Neureiter (Hrsg.), *Handbuch Corporate Citizenship. Corporate Social Responsibility für Manager.* Berlin: Springer.

OECD. (2011). *Social indicators, society at a glance 2011.* Paris: OECD Publishing.

Raupp, J., Jarolimek, S. & Schultz, F. (2011). Corporate Social Responsibility als Gegenstand der Kommunikationsforschung. In Raupp, J., Jarolimek, S., & Schultz, F. (Hrsg.), *Handbuch CSR.* Kommunikationswissenschaftliche Grundlagen, disziplinäre Zugänge und methodische Herausforderungen. Wiesbaden: VS Verlag für Sozialwissenschaften.

Reinmuth, M. (2006). *Vertrauen schaffen durch glaubwürdige Unternehmenskommunikation. Von Geschäftsberichten und den Möglichkeiten und Grenzen einer angemessenen Sprache,* Dissertation, Düsseldorf.

Reputation Institute. (2013). *2013 CSR RepTrak*™ *100,* abgerufen von http://www.reputationinstitute.com. Zugegriffen: 26. Mai. 2014.

Rieger, J. (1994). *Sponsoring als Instrument der Imagepolitik im Investitionsgüterbereich,* Dissertation, Freien Universität Berlin, Berlin.

Rothe, C. (2008). *Kultursponsoring und Image-Konstruktion, Analyse der rezeptionsspezifischen Faktoren des Kultursponsoring und Entwicklung eines kommunikationswissenschaftlichen Image-Approaches.* Saarbrücken: Vdm Verlag Dr. Müller E.K.

Schönborn, G. (2008). Corporate Citizenship und Wertemanagement im Unternehmen. In A. Habisch, R. Schmidpeter, & M. Neureiter (Hrsg.), *Handbuch Corporate Citizenship. Corporate Social Responsibility für Manager.* Wiesbaden: Springer.

Schunk, S. (2009). *Unternehmensverantwortung und Kennzahlen. Bewertung und Darstellung von Corporate Citizen-Maßnahmen.* Marburg: Metropolis.

Schwalbach, J., & Schwerk, A. (2008). Corporate Governance und Corporate Citizenship. In A. Habisch, R. Schmidpeter, & M. Neureiter (Hrsg.), *Handbuch Corporate Citizenship. Corporate Social Responsibility für Manager.* Wiesbaden: Springer.

Schweinsberg, K. (2011). Misskreditgarantien. *profil, 51/52,* 44–47. (Wien).

Schweer, M. K. W. (2003). Vertrauen als Organisationsprinzip: Vertrauensförderung im Spannungsfeld personalen und systemischen Vertrauens. *Erwägen, Wissen, Ethik, 14*(2), 323–332. (Padeborn).

Steiner, K. (2011). *Nachhaltigkeitskommunikation in Österreich. Absichten und Adressaten von Corporate Responsibility Communications,* Diplomarbeit, Wien.

Suchanek, A. (2007). *Corporate Responsibility in der Pharmazeutischen Industrie,* HHL Arbeitspapier Nr. 76, Leipzig Graduate School of Management.

Wagner, U. (2010). *Unternehmerisches Kulturengagement am Beispiel der Musikförderung der Skoda Auto Deutschland Gmbh, Band 6 der von Steffen Höhne und Wolfgang Lück herausgegebenen Weimarer Studien zur Kulturpolitik und Kulturökonomie.* Leipzig: Leipziger Universitätsverlag.

Weber, B. (2012). Einleitung. In BEIGEWUM – Beirat für gesellschafts-, wirtschafts- und umweltpolitische Alternativen. (Hrsg.), *imagine economy. Neoliberale Metaphern im wirtschaftspolitischen Diskurs, Band 7 der von Agnieszka Czejkowska herausgegebenen Reihe ARTS & CULTURE & EDUCATION.* Wien: Löcker.

Weber, M. (1976). Soziologische Grundkategorien des Wirtschaftens. In M. Weber (Hrsg.) *Wirtschaft und Gesellschaft* (5. Aufl.) Tübingen: Mohr.

Wieland, J. (Hrsg.). (2001). *Die moralische Verantwortung kollektiver Akteure.* Ethische Ökonomie (Bd. 6). Heidelberg: Physica.

Wolff, J. (2003). *Die aktienrechtliche Zulässigkeit von Sponsoringaktivitäten. Eine Untersuchung anhand der Zuständigkeit und insbesondere der allgemeinen Berechtigung des Vorstands einer Aktiengesellschaft bei der Entscheidung über die Planung und Durchführung von Sponsoringaktivitäten*, Juristische Reihe TENEA, Bd. 24, Berlin.

World Economic Forum, Global Confidence Index 2012 und 2013. http://www.weforum.org/content/pages/global-confidence-index. Zugegriffen: 17. Feb. 2014 und 26. Mai. 2014.